PORTRAIT
AU NATUREL
DES JESUITES
ET ANCIENS ET MODERNES,
OU
IMAGE VERITABLE
DU PREMIER ET DU DERNIER SIECLE
DE LA SOCIETÉ
DE JESUS

Fin du Parallele de la doctrine des
Payens avec celle des Jésuites
& de la Bulle *Unigenitus*.

Arguam te & statuam contra faciem tuam.

„ Pour te confondre je te montrerai qui tu es, en
„ t'exposant toi-même à tes yeux. *Pf.* 49. 21.

A AMSTERDAM,
Chez Nicolas Potier, Libraire.

M DCC XXXI.

Comme nous citons ſouvent les Ecrits que nous avons donnés avant celui-ci, & qu'on en a fait differentes éditions, nous avertiſſons que nous ne citons que celle qui eſt in 8.

PORTRAIT AU NATUREL
DES JESUITES
ET ANCIENS ET MODERNES.

RIEN, comme on le fait, de plus ordinaire à l'hypocrite qui a interêt de paroître homme de bien, que de se parer du dehors de la vertu, & de se cacher pour ainsi dire à son ombre. Il imite le ton, le geste & la maniere de l'homme de probité; il se présente avec un appareil qui prévient en sa faveur; il s'abaisse & s'humilie quand il est à propos; il écarte avec adresse, quelquefois même avec fierté, ce qui pourroit le faire soupçonner: & c'est toujours lorsqu'il veut tromper avec le plus de succès, qu'il affecte l'exterieur le plus spécieux & le plus beau: *Pelliculam veterem retines*, disoit Perse (a) a un homme de ce caractere, *& fronte politus,* -- *Astutam vapido servas sub pectore vulpem :* " Vous êtes toujours le même, „ mais en fin renard vous cachez vos dé- „ fauts & vos vices sous un dehors „ trompeur." Tel est au naturel le portrait des Jésuites.

(a) Pers. Satyr. 5.

Ac-

Accusés mille fois, & autant de fois convaincus d'avoir renversé la Religion de nos Peres, que font-ils pour repousser cette accusation & se blanchir aux yeux du public? Ils font débiter par leurs Ecrivains, que leur doctrine n'est point leur doctrine, mais celle de toute l'antiquité; qu'ils écoutent avec respect les oracles des SS. Peres; qu'ils déferent pleinement à leur autorité; qu'ils font soumis à leurs décisions; qu'aussi fideles à copier leur langage, qu'à suivre leurs maximes, ils retracent dans leurs personnes ces premiers maîtres en Israël; en un mot, si l'on en croit un de leurs Apologistes, la Societé n'a puisé sa doctrine que dans le fleuve divin de la Tradition; c'est delà que sa Théologie a pris naissance, qu'ont coulé ses dogmes & sa morale; c'est delà encore que vient l'auguste nom qu'elle porte: car remontant de siecle en siecle, & passant de l'école des Peres dans celle des Apôtres, vous la voyez aboutir à l'école même de Jesus-Christ & former sa Compagnie. Telle est la noble & magnifique idée que le Pere Brisacier nous donne de son Auguste Societé: tels font les traits avantageux sous lesquels il nous la réprésente Ecoutons-le parler lui-même.

" Qui êtes-vous, dit-il, (a) en s'adressant à un illustre Docteur de Sorbon-
ne

(a) Dans son livre intitulé: *Le Janfenisme con-*

„ ne (a), qui avoit demeuré long-tems à
„ Port-Royal ? Qui font vos peres, &
„ qui font les miens dans la doctrine
„ que nous professons ? Les vôtres,
„ font de VENERABLES HERESIAR-
„ QUES… tels que Janfenius, Arnauld,
„ le Maître, & les quarante Professeurs
„ (b) de Port-Royal : telle est votre
„ généalogie en doctrine, qui vous
„ fait HERETIQUE. Pour les miens,
„ font JESUS-CHRIST, les Apô-
„ tres, les Conciles, les Peres de l'E-
„ glife, les Docteurs qui les ont suivis,
„ & tous ceux qui par une succession
„ continue, m'ont apporté la Tradition
„ des Apôtres. Telle est la généalo-
„ gie de ma doctrine, qui me rend A-
„ poftolique.

Qui ne croiroit après de telles paroles, que la généalogie des Jéfuites en
doctrine, remonte jufqu'à Dieu, & que
celle des Janfeniftes au contraire va fe
perdre à Janfenius en fe terminant à lui ?
Que ceux-ci comme de nouveaux venus, ne datent leurs dogmes que du
fiécle paffé ; au lieu que les Jéfuites
comme d'anciens Difciples de la Tradition, defcendent de peres en fils de
JESUS-CHRIST même ? Que c'eft
dans leur école qu'il faut aller chercher
les anciennes verités tant fur le Dogme
que fur la Morale ? Qu'ils font enfin
les Timothées de nos jours auxquels

A 3   s'adref-

fondu. 3. part. p.
18.

(a) M. de Cala-
gan Curé de
Cour-Cheverny
à trois lieues de
Blois.

(b) Je ne fai de
quelle Académie
le P. Brifacier
avoit tranfporté
à Port-Royal ces
40. Profeffeurs.

s'adreſſent ces paroles de Paul : „ O
„ Timothée, *ou bien, O Societé & Com-*
„ *pagnie de Jeſus*, (a) gardez le dépôt
„ qui vous a été confié, fuyant les nou-
„ veautés profânes, & tout ce qu'op-
„ poſe une doctrine qui porte fauſſe-
„ ment le nom de ſcience ? J'avoue que
l'air de modeſtie dont les Jéſuites parlent ici, eſt capable d'en impoſer.

Cependant ne précipitons rien. Il
eſt écrit que *de croire avec trop* (b) *de*
facilité, c'eſt légereté d'eſprit. Avant
donc que de faire compliment à ces peres ſur l'antiquité de leur famille, examinons leurs titres : voyons s'ils ſont
bien véritables, s'ils ne ſont point ſup-
poſés ; examinons même ſi ce ne ſeroient point par haſard les titres des
Janſeniſtes qu'ils ſe ſeroient appropriés.
Faiſons mieux : poſons quatre Theſes
dont les preuves diſſiperont leurs titres
& feront évanouir pour jamais leur généalogie.

I. T H E S E.
Les Jéſuites n'ont point Dieu
pour Pere.

II. T H E S E.
Ils n'ont point l'Egliſe pour Mere.

III. T H E S E.
Ils n'ont point Jeſus-Chriſt
pour Chef.

I V.

IV. THESE.

Les Peres de l'Eglise ne font point leurs Docteurs ni leurs Maîtres.

PREUVE DE LA I. THESE.
(*Les Jesuites n'ont point Dieu pour Pere.*)

LEs Pharifiens fe glorifiant un jour de *n'être point des enfans bâtards,* (a) *& d'avoir Dieu pour Pere,* Jesus-Chrift avec lequel ils difputoient fur la nobleffe & la fainteté de leur extraction, leur fit ce raifonnement : *Celui-là eft enfant de Dieu, qui entend les paroles* (b) *de Dieu : or vous n'entendez point les paroles de Dieu, donc vous n'êtes point fes enfans.* Raifonnement court & fimple, mais qui termina la difpute, comme il va terminer la nôtre avec *les Pharifiens de la nouvelle Loi,* c'eft à dire, avec les Jéfuites qui fe font donnés ce nom.

„ Celui-là eft enfant de Dieu, qui „ entend les paroles de Dieu : or vous „ n'entendez point les paroles de Dieu; „ je le prouve.

Celui-là n'entend point les paroles de Dieu, qui ne connoit pas Dieu : or vous ne connoiffez pas Dieu, mes peres; l'Apôtre S. Jean va vous le démontrer.

„ Dieu étant amour, quiconque ne „ l'aime point, ne le connoît pas : *Quo-*

(a) Nos ex fornicatione non fumus nati : unum patrem habemus Deum. *Joan.* 8. 41.

(b) Qui ex Deo eft, verba Dei audit. Propterea vos non auditis, quia ex Deo non eftis. *Ibid.* 47.

A 4

„ *niam*

niam *Deus Charitas est* (a), *qui non diligit, non novit Deum.* Or votre Societé & votre Compagnie, au lieu d'aimer Dieu (b), se contente de ne le pas haïr; vos Docteurs & vos Theologiens ne cessent de débiter que le Chrétien seroit plus malheureux que le Payen & le Juif (c), s'il étoit obligé d'aimer Dieu pour rentrer en grace avec lui; vos anciens comme vos modernes ont mis en oeuvre leur crédit auprès des puissances tant Ecclesiastiques que Séculiéres, pour écarter, interdire & banir tous les grands hommes qui ont enseigné qu'on ne pouvoit honorer Dieu qu'en l'aimant; enfin pour couronner votre impieté, vous avez fait venir de Rome une Bulle qui autorise & canonise votre pernicieuse doctrine sur la suffisance de l'attrition (d), & qui fait de la crainte qui nous est commune avec *les bêtes*, une disposition suffisante pour approcher (e) d'un Dieu qui est amour: Donc, mes peres, *vous ne connoissez pas Dieu*: donc *vous n'avez point entendu ses paroles*: donc *vous n'êtes point nés de lui:* C'est Jesus-Christ & son Apôtre qui vous font cette démonstration.

D'ailleurs, comment pourriez-vous être les enfans de Dieu, vous qui l'avez outragé jusqu'à le traiter de *menteur* (f), & par conséquent qui avez anéanti, autant qu'il vous a été possible, la vérité

de

(a) 1. Joan. 4. 8.

(b) Voyez le 1. Paral. p. 41. & les principes des Jésuites sur la Probab. p. 67.

(c) Voyez le 1. Paral. p. 43. & suiv.

(d) Voyez l'exposé de cette doctrine dans le 1. Paral. p. 31. & suiv. & dans les principes sur la Probab. p. 88. & suiv.

(e) C'est ce que la Constitution établit par la condamnation de la 65. Proposition.

(f) Il est probable que Dieu peut mentir. *Voyez les principes*

de sa Divinité; vous qui avez fait regarder l'ignorance de son existence (a),
comme une grande grace & un bienfait signalé; vous qui avez fait de l'i-
gnorance de sa Loy, un moyen assuré
pour être son ami (b) & conserver l'innocence au milieu des plus grands crimes; vous qui avez fait de l'abrutisse-
ment de l'esprit par les passions, & de
l'endurcissement du cœur par l'habitude & la familiarité avec le crime (c),
un merveilleux privilege pour ne plus
l'offenser; vous qui lui avez mis des re-
compenses en main pour les fornica-
teurs & les abominables (d), lorsqu'ils
se livrent à l'impudicité avec une conscience erronée; vous qui avez con-
verti le mensonge en acte de vertu &
en oeuvre de miséricorde, & le bla-
spheme & le meurtre en actions de religion pour celui qui croiroit que de
mentir, de blasphemer, & de tuer ce
feroit faire (e) de bonnes oeuvres; vous
qui avez changé les péchés les plus mor-
tels & les crimes les plus noirs en sim-
ples fautes venielles par le moyen d'une
distraction, d'une inadvertence (f), &
même d'une réflexion superficielle &
legere; vous qui avez suprimé non seulement pour le Payen & pour le Juif,
mais encore pour le Chrétien, l'obligation de connoître aucun mystere de la
Foi (g), *pas même ceux de la Sainte*

A 5   *Tri-*

sur la Probab.
p. 20.
(a) Voyez le 1.
Paral. p. 4. 5.

✠

(b) Ibid. p. 24.
& 25.

(c) Ibid. p. 28.
& les principes
sur la Probab. p.
68. & suiv.

(d) Casnedi Jé-
suite moderne ne
craint point d'a-
vancer que J. C.
dira à de tels
hommes: VE-
NEZ LES BIEN-
AIMEZ DE MON
PERE, dans son
livre qui a pour
titre *Crisis Theo-
logica* imprimé à
Lisbonne en
1719. tom. 1. p.
179. n. 91. Vo-
yez aussi les prin-
cipes sur la Pro-
bab. p. 59. & 60.
(e) Voyez le 1.
Paral. p. 28. & 29.
(f) Ibid. p. 24.
& suiv. & prin-
cipes sur la Pro-
bab. p. 68. & suiv.
(g) Voyez les

(a) Ibid. p. 85. *Peccatum non est,* dit le P. Migrinval dans ses Cahiers dictés à Amiens au mois d'Août 1717. *finem suum constituere in rebus creatis . . . Non solus finis honestus est homine dignus.. Licet agere ex concupiscentia propter solam voluptatem.* Brutum & homo, *disoit aussi à Caën. ces années passées,* le *P. Dubreuil,* possunt agere propter voluptatem sensibilem. *Voyez les princip. sur la Probab. p. 85.*
(b) Remontr. des Jes. à M. l'Evêque d'Auxerre. p. 7. 8. 9.
(c) Voyez les principes ur la Prob. §. I. & §. II.
(d) Voyez le 1. Paral. p. 41.

Trinité & de l'Incarnation ; vous qui pour attaquer la loi naturelle jusque dans ses premiers principes, ou plutôt pour l'abolir entierement , avez dispensé l'homme de raporter ses actions à une fin qui fut au moins *naturellement bonne & honnête (a)*, & qui avez dégradé cet homme, l'auguste image de la Divinité, jusqu'à le mettre de niveau avec la bête brute, en lui permettant d'agir *pour la seule volupté ;* vous qui avez traité *d'erreur manifeste,* l'obligation de raporter à Dieu tout ce que nous faisons, & qui avez apris aux fideles *à déposer* leur *qualité de Chrétien (b)* dans la plûpart de leurs actions , afin d'agir en payens ; vous qui par votre probabilité , avez prétendu vous bâtir une citadelle ou une autre Babel, pour vous y mettre en sureté avec tous les pécheurs de la terre, & là satisfaire vos differentes cupidités sans scrupule (c) & sans crainte, au moins des châtimens de Dieu ; vous enfin qui avez substitué aux Loix saintes & divines, je veux dire aux *dix Commandemens,* les fictions de vos esprits & de vos coeurs tenebreux & impies.

1. *Un seul Dieu tu adoreras*
Et aimeras parfaitement.

C'est à dire, selon votre commentaire, qu'en ne haïssant pas Dieu (d), &
en

en fléchissant le genou devant lui, comme on feroit devant une idole (*a*), on
obéit à ce premier Commandement.

2. Dieu en vain tu ne jureras.

C'est à dire, que lorsqu'il s'agira de
quelque bien temporel comme de la
fortune (*b*), de la liberté, ou de la vie,
on pourra assurer par serment qu'une
chose que l'on sait être vraie, est fauf-
se, pourvû que l'on ait soin d'acom-
pagner ce serment d'une bonne & con-
venable équivoque.

*3 Les Dimanches tu garderas
En servant Dieu dévotement.*

Ce que Dieu demande de nous en ces
saints jours, est que nous les employions
à son service, & pour cet effet il nous
y a interdit toute oeuvre servile. Mais
disent les Jésuites, " Dieu ne nous a
„ pas défendu spécialement de pécher
„ ces jours là, de médire par exemple,
„ de se parjurer, de se corrompre avec
„ des femmes, & autres choses sem-
„ blables : & la raison, *ajoutent-ils* (*c*),
„ pour laquelle tous les péchés en gé-
„ néral ne sont pas interdits les jours
„ de Fête & de Dimanche, c'est que
„ ce ne sont point des oeuvres servi-
„ les : *Tum quia opus peccati formaliter
non est servile, ut detrahere, pejerare* (*d*),
fornicari, & similia.

4. *Pere*

(*a*) Ibid. p. 57. 58.

(*b*) Ibid. p. 129.
130. & princip.
fur la Prob, p.
55. 56.

(*c*) Ratio potif-
fima est, quia
hoc præceptum
tertium, quate-
nus divinum est,
non obligat spe-
cialiter ad non
peccandum die
festo. *Filliut.
Quæst Mor. tom.*
2. *tr.* 27. *cap.* 9.
n. 147. *p.* 165.

(*d*) Ibid.

4. *Pere & mere honoreras.*

Ce précepte, ainsi que le remarque le Catechisme du Concile de Trente, oblige les enfans envers leurs peres & meres, à quatre devoirs principaux : à *l'amour*, au *respect*, à *l'obéissance*, & à *l'assistance*. Mais les Jésuites les dispensent de ces quatre devoirs.

„ I. Un fils, selon eux (*a*), peut ne „ pas reconnoître son pere, s'il ne le „ fait point par mépris, mais pour ne „ pas rougir en le reconnoissant.

„ II. Une fille quoiqu'elle n'ait pas „ encore vingt-cinq ans, peut se ma-„ rier à une personne (*b*) indigne d'el-„ le, sans le consentement de son pere.

„ III. Il n'est pas absolument certain „ qu'un fils qui a de gros biens, soit „ obligé de donner non de son necessaire, MAIS DE SON SUPERFLU (*c*), „ ou de ce qui n'est que bienséant à sa „ condition, POUR SAUVER SON PERE „ QUI EST EN PERIL DE SA VIE.

„ IV. Un enfant peut desirer la mort „ de son pere (*d*), pour jouïr plus „ prom-

(*a*) Filius si recognoscere nolit patrem, non ex contemtu, sed ad vitandum aliquod incommodum aut erubescentiam, à mortali culpa sic puto esset excusandus. *Tambur. decal. lib.* 5. *cap.* 2. §. 11. *n.* 17.

(*b*) Et rectè docet Sanchez, *dit Tambourin,* filiam adeo liberam esse, ut ante vigesimum quintum annum nubere valeat, etiam indigno, & sine patris consensu. *Tambur. Ibid.* §. 3. *n.* 5. (*c*) Quod si pater in vitæ discrimine versaretur, pecuniaque à divite filio exposceretur … hac uterer distinctione; Si ea summa demi potest ex superfluis, vel solum statui convenientibus, obligarem patrem filiumque: Si debeat demi ex necessariis… neutrum obligarem … Et nihilominus priorem dicti partem, non tanquam omnino certam affirmo. *Tambur. l.* 5. *Decal. cap.* 1. §. 1. *n.* 11.
(*d*) Voyez le 1. Paral. p. 69.

„ promtement de ſes biens. „ Telle eſt
la gloſe des Jéſuites ſur ce précepte :
Pere & Mere honoreras.

5. *Homicide point ne ſeras.*

C'eſt à dire, vous ne tuerez pas ceux
qui ne vous font point de mal. Mais
ſi l'on en veut ou à vos biens (*a*), ou
à votre honneur, ou à votre vie ; met-
tez à mort Pere, Mere, Prince, Roy ;
& employez pour cela ou le fer ou le
feu, le poiſon ou la corde. „ Une
„ femme qui eſt enceinte (*b*), peut
„ auſſi ſe garantir de la mort, en pre-
„ nant un medicament propre pour la
„ guérir, mais D'OU L'AVORTEMENT
„ auſſi s'enſuivra : *etiamſi inde putetur*
„ *abortus ſecatura.*

6. *Impudique point ne ſeras.*

L'on me diſpenſe de rien citer ſur ce
précepte non plus que ſur le neuviéme,
qui concourent tous les deux à nous
préſerver de toute ſouillure dans le
corps & dans l'eſprit. C'eſt tout dire
ſur cette matiere, que de rapeller un
des traits par leſquels le fameux Pere le
Moyne a dépeint ſa Societé : „ Nous
„ connoiſſons, *dit-il* (*c*), aſſez de per-
„ ſonnes (*& c'eſt de ſa Compagnie qu'il*
„ *parle en cet endroit*) qui ſemblent
„ avoir été envoyées dans le monde …
„ pour rendre à la volupté l'honneur

„ qui

(*a*) Ibid p. 102.
& ſuiv. & prin-
cip. ſur la Prob.
p. 57. 58.

(*b*) Si mater pe-
riculoſè laboret,
& non ſuperſit
aliud remedium,
poteſt ei præberi
pharmacum di-
rectè tendens ad
curationem,
etiamſi, *&c. Leſſ.
de Juſt. lib. 2.
cap. 9. n. 62. p. 89.*

(*c*) **Dans ſon Li-**
vre de la Dévo-
tion aiſée. p. 202.

„ qui lui eft du, & pour la remettre
„ dans la difcipline.

N'eft-il pas vrai que fi la Proftituée
de l'Apocalypfe avoit voulu fe peindre
par un feul trait, elle n'eût pû en choi-
fir un plus parlant ? Et fi elle avoit donné des leçons fur les plaifirs des fens &
fur la maniere de varier ces plaifirs, lui
eut-il été poffible d'enchérir fur (a)
la Societé dont elle me femble être le
portrait au naturel ?

7. *Le bien d'autrui tu ne prendras & ne retiendras.*

C'eft à dire, vous pourrez prendre le
bien d'autrui & ne le point reftituer,
pourvû que celui à qui vous le pren-
drez n'en reffente pas de préjudice, ou
bien pourvû que vous ne preniez par
beaucoup à chaque fois. „ Celui qui
„ en prenant quelque chofe à autrui (b),
„ ne lui porte aucun préjudice, parce
„ qu'il ne s'en fervoit pas & ne s'en
„ devoit pas fervir, n'eft point obligé
„ à reftitution : *Non tenetur reftituere.*
„ De même celui qui dérobant de pe-
„ tites fommes à differentes reprifes (c),
„ amaffe une fomme confidérable, n'eft
„ point obligé de reftituer, fur-tout s'il
„ n'avoit pas d'abord intention de vo-
„ ler cette grande fomme : *Quando non*
„ *fit ex intentione furandi totam fum-*
„ *mam.*

Ainfi

Notes marginales :

(a) Voyez le ch. 10. du 1. Paral. p. 134.

(b) Qui dam-num nullum de-dit, rem aliquam accipiens, quia ea dominus non utebatur, non te-netur reftituere, fi nulli ufui eft domino futura. *Emman. Sa. Verbo furtum cap.* 6. p. 292.

(c) Qui per vices pauca alicui fura-tur, cum ventum eft ad notabilem fummam tene-

Ainsi pour voler en sûreté de conscience, il faut considerer quels sont les biens qui nous paroîtront inutiles aux autres, & utiles à nous mêmes; ou bien ne prendre de grosses sommes qu'en détail, non dans l'intention de voler, mais de s'enrichir peu à peu & de faire fortune.

turnæ restituere? Quidam probabiliter negant, quando non fit, &c. Emman. Sa. Ibid. n. 8.

8. *Faux temoignage ne diras,*
Et ne mentiras aucunement.

C'est à dire, lorsqu'on vous accusera d'un crime que vous aurez veritablement commis, mais que l'on ne pourra juridiquement prouver, vous pourrez non seulement nier ce crime, c'est à dire, mentir; mais vous pourrez encore rendre un faux temoignage contre votre accusateur, en le traitant de menteur & de calomniateur. „ Celui qui „ est accusé d'un crime qui ne peut être „ juridiquement (*a*) prouvé par l'accusa- „ teur, non seulement peut nier le „ crime, mais il peut dire encore que „ l'accusateur ment, & qu'il le calom- „ nie: *Non solum posse negare crimen, sed etiam dicere accusatorem calumniari & mentiri.*

(*a*) *Hinc sequitur, 1. eum qui accusatur de crimine quod juridice ab accusatore probari nequit, non solum posse, &c. Tambur. Decal. lib 9. cap. 2. §. 2. n. 2.*

10. *Le bien d'autrui ne convoiteras.*

C'est à dire, premiérement qu'il n'est rien de tout ce qui peut vous faire plaisir dans le monde, que vous ne puis-
siez

fiez defirer & convoiter en général, parce que " la convoitife ou autrement " la concupifcence (a) n'eft point mauvaife d'elle-même ni en elle-même; " & que cela eft de foi.

2. Si parmi les objets qui vous ont touché, il en eft qui vous foient interdits, ou qui foient deja poffedés par d'autres, vous pourrez toujours defirer d'en être le poffeffeur, en pofant cette (b) condition : *Si Titia effet uxor.*

3. Si ce font les biens de quelque particulier, vous pouvez non feulement les convoiter, mais defirer même fa mort (c) au cas qu'elle vous en mit en poffeffion.

Vous voyez, mes peres, que je n'ai fait qu'éfleurer vos commentaires fur les dix Commandemens, & qu'il en eft deux fur lefquels j'ai même entierement fupprimé vos glofes, de peur de bleffer la pudeur publique. Cependant je vous le demande à vous mêmes trouvez-vous dans le peu de traits que je viens de ramaffer & qui ne font pas les plus odieux, de quoi fonder quelque reffemblance entre votre Societé & le Dieu trois fois Saint? Il eft donc encore une fois démontré que vous ne l'avez point pour Pere. Démontrons maintenant que vous n'avez point l'Eglife pour Mere.

II. THE-

(a) Voyez le 1. Paral. ch. x. §. 1. p. 139.

(b) Ibid. p. 180. & 182.

(c) Ibid. p. 96. & 97.

II. THESE.
Les Jésuites n'ont point l'Eglise pour Mere.

Non, mes peres, vous n'êtes point les enfans de l'Eglise, puisque vous vous jouez de ses Ordonnances, & que vous apprenez aux autres à les mépriser & à les violer.

Est il permis (a), disoit un jour notre Seigneur aux Pharisiens, *de faire du bien ou du mal le jour du Sabat ?* On sait que ces faux justes trouvoient fort mauvais de ce qu'il guérissoit les malades ce jour-la comme les autres jours. Et ce fut pour leur faire sentir leur injustice, qu'il leur proposa cette question, à laquelle ils demeurerent court, n'y pouvant rien répliquer : *At illi tacebant* (b), dit Saint Marc. Voyons si les Jésuites nous répondront par le silence à cette même question.

Est-il permis, mes peres, de faire du bien ou du mal les jours de Fêtes & de Dimanche ? Nous distinguons : Il
„ y a certains biens *c)* que l'on ne doit
„ point faire ces jours-là sans une gran-
„ de nécessité, comme de porter l'au-
„ mône aux pauvres, d'orner les tem-
„ ples & autres choses semblables, par-
„ ce que ce sont des oeuvres serviles.
„ Mais il n'est point défendu d'une ma-
„ niere

(a) Licet sabbatis bene facere an male ? *Marc.* 3. 4.

(b) Ibid.

(c) Excusandine, *dit Escobar*, aliqui ratione pietatis ? Aliqui, *repond il d'abord*, liberant à reatu excercentes die Festo opera servilia ad templa

B

ædificanda vel reficienda gratis, ad eleemosinam gerendam, ad ornanda delubra, &c. At ego cum illis sentio, qui laborantes vel hoc prætextu sine necessitate, non excusant. *Escob. tr. 7. Exam. 5. cap. 2. n. 7.*

Filliutias aussi rigide & scrupuleux qu'Escobar, appuye fortement ce sentiment; mais lorsqu'il s'agit des péchés: *Dico,* remarque-t'il, *opera peccaminosa non esse specialiter prohibita in die festo, quasi per illa dies festus violetur.* Filliut. Quæst. Mor. tom. 2. tr. 27. cap. 9. n. 147. Nec obstat quod peccans dicitur fieri servus peccati, quia id tantum metaphorice & symbolice verum est, non autem re ipsa. *Filliut. Ibid. n.* 48.

» niere particuliere de pécher & d'offenser Dieu en ces saints jours, comme si on en violoit la sainteté par les crimes & les péchés: *Quasi per illa dies festus violetur.* Et il n'importe de dire que celui qui peche, devient esclave du péché (*C'est pourtant ce que disent tous les Peres d'après l'Ecriture*) parce que cela n'est vrai que par métaphore & en figure, & non en effet & réellement.

Autre question, s'il vous plaît, puisque vous répondez si bien.

» Est-il permis de sortir à dessein du lieu de sa demeure où il est Fête (a), pour aller dans un autre lieu où l'on travaille à des oeuvres serviles? Cela est très permis: *Ita planè, & servilibus ibi operibus vacare.* Mais au moins ne faut-il pas entendre la Messe auparavant? » Cela nous paroît plus probable, pourvû toute fois que cela se puisse commodement: *Si modo commodè possit habere Sacrum.* Au reste il nous paroît aussi fort probable, *valde probabile,* qu'il n'y a point d'obligation d'entendre la Messe, quand on doit être avant midi hors l'étendue du lieu où il est Fête: *Quando ante me-* » *ri-*

(a) *Num è loco Festi ad locum ubi non est, recedere consulto liceat? Ita plane,* &c. Escob. tr. 1. Exam. 5. cap. 3. n. 11. Filliut. Quæst. mor. tom. 2. tr. 27. cap. 7. n. 110. & 111. Sanchez est du même sentiment, Filliutius le cite.

„ *ridiem futuri funt* (a) *extra limites*
„ *iftius loci.* C'eſt à dire qu'il faut par-
„ tir de bon matin du lieu où il eſt Fê-
„ te, pour ſe délivrer de l'obligation
„ d'entendre la Meſſe.

„ Mais ne pourroit-on pas en uſer ainſi
à l'egard du jeûne? „ Sans doute : &
„ en agir de la ſorte (b), ce n'eſt point
„ tromper l'Egliſe, ni éluder ſon com-
„ mandement, mais ſeulement FUIR
„ L'OBLIGATION DU PRECEPTE: *Fugere*
„ *obligationem præcepti*, ET SE SERVIR
„ DE SON DROIT. Ce qui veut dire que ſi
l'Egliſe a droit de nous impoſer des
commandemens, nous avons auſſi le
droit de fuir, & de faire tout ce que
nous pourrons pour n'être pas obligé
de lui obeïr.

Et après cela, mes peres, vous nous
direz que vous êtes les enfans de l'E-
gliſe, & même ſon *troupeau le plus pré-
cieux*, vous qui avez encore enſeigné
touchant le précepte qu'elle nous impo-
ſe d'entendre la Meſſe les jours de Fêtes & de Dimanche, que „ celui qui
„ l'entend PAR MEPRIS (*ex contemtu*)
„ accomplit véritablement le préce-
„ pte (c), & à plus forte raiſon celui
„ qui l'entend avec intention de ne pas
„ ſatisfaire à ce précepte: *Ergo à fortiori cum intentione non ſatisfaciendi* ; vous
qui avez ajouté à cette impiété, cette
abomination, que „ celui qui aſſiſte à

 „ la

(a) F6lliut. Ibid.

(b) Poteſt ne ali-
quis alið ſe con-
ferre, ut jeju-
nium vitet? Fa-
cundus poſſe reſ-
pondet. *Eſcob.
tr.* 1. *Exam.* 13.
n. 64. *p* 212.
Propriè loquen-
do non eſt ulla
fraus, ſi quis ju-
re ſuo utatur; &
potius eſt fuge-
re obligationem
præcepti. *Filliut.
Quæſt. Mor. tom.*
2. *cap.* 7. *n.* 116.
p. 261.

(c) Verè implet
audiendi Sacri
præceptum illud,
ex contemtu au-
diendi; ergo à
fortiori cum in-
tentione non ſa-
tisfaciendi. *San-
chez. Oper. Mor.
lib.* 1. *cap* 3. *n.*
13. *p.* 64.

(a) Voyez le ī.
Paral. p. 60. 61.

(b) Tambur. De-
cal. lib. 4. cap. 2.
§. 1. n. 17.

„ la Messe pour regarder impudique-
„ ment (a) une femme (*Aspiciendi mu-*
„ *lierem libidinose*) ou pour acquerir
„ de la vaine gloire, (*vel ad aucupan-*
„ *dam* (b) *vanam gloriam*) satisfait au
„ précepte ; vous qui avez dit au sujet
„ du jeûne, que les excès dans le boi-
„ re & le manger, font le même effet
„ que l'abstinence, qui est d'affoiblir le
„ corps ; * & par conséquent que les
„ excès que l'on commet en Carême,
„ en mangeant & buvant autant & si
„ souvent que l'appetit le desire, ne
„ font

* Le P. Bauny après avoir dit que l'on péche
autant de fois que l'on mange de la chair & des
œufs les jours de jeûne, ajoute qu'*il n'en est pas
de même des autres viandes, comme pain, poisson
& beure dont l'usage réiteré autant & si souvent
que l'appetit en veut, n'est péché.* Voici sa raison.
*D'autant comme ainsi soit que l'abondance au par-
dessus de la nécessité, se tourne en cacochimies dans
l'estomach, qui ne croissent, mais énervent les forces, il semble qu'on ne peut raisonnablement dire
que le repas que l'on fait au dessus du second, pro-
fite au corps, encore moins qu'il le fortifie.* Ainsi celui qui pendant le Carême altere sa santé par les
excès dans le boire & le manger, répond aussi
bien à l'intention de l'Eglise quand elle comman-
de de jeûner, que celui qui se mortifie & qui
affoiblit son corps par l'abstinence. Telle est la
doctrine du P. Bauny (*ch. 16. de sa Somme p.* 256.)
que les Jésuites appellent (dans la Bibliothéque
des Ecrivains de leur Societé) un homme D'UNE
SINGULIERE ERUDITION sur toutes les matieres
de conscience: *Vir singularis circa quæstiones omnes
de conscientia eruditionis.* p. 747. col. 1.

„ font pas des péchés contre le jeûne,
„ puifqu’ils ne font pas contre l’inten-
„ tion & la fin pour laquelle il a été
„ inftitué; vous qui avez enfeigné que
„ celui qui recevoit indignement l’Eu-
„ chariftie (*a*) au jour de Pâque, & qui
„ faifoit une Communion facrilege (*b*),
„ fatisfaifoit au précepte impofé par
„ l’Eglife; vous qui avez avancé que
„ l’on fatisfait au précepte de la Con-
„ feffion annuelle, par une Confeffion
„ INVALIDE (*c*) (*Invalidâ Confeffione*)
„ & que l’on n’étoit pas obligé en ver-
„ tu du précepte de la Confeffion, de
„ fe difpofer à rentrer en grace avec
„ Dieu : *Nec tenetur homo fe difpone-*
re (*d*) *ad gratiam ex vi præcepti Con-*
feffionis; vous enfin qui par votre titre de *Jéfuites* & de Docteurs préten-
dus *graves*, avez rendu *bon & licite,*
honnête & vertueux (*e*) ce que Dieu
& fon Eglife ont défendu? Non, mes
peres, vous n’avez ni Dieu pour Pé-
re, ni l’Eglife pour Mere; & je vous
dirai qu’elle eft votre généalogie, après
que j’aurai montré que vous n’avez
point Jefus-Chrift pour Chef.

III. THESE.

Les Jéfuites n’ont point Jefus-
Chrift pour Chef.

Ne vous atendez pas, mes peres, à
me voir relever ici tout ce que vous

avez

(*a*) Euchariftiam
indignè fumens
in die Pafchatis
fatisfacit præce-
pto. *Emman. Sa.*
Verbo Euchar.
infine. p. 233.
(*b*) Certum eft
eum fatisfacere
præcepto Eccle-
fiæ, qui fimulat
fe … piè in Paf-
chate commu-
nicare, etfi facri-
lege communi-
cet. *Connink de*
Sacram. Quæft.
83. *art.* 6. *p.*
286. Efcobar,
Filliutius, La-
mi, Celot, Azor
& Dicaftillus en-
feignent la même
chofe. Voyez en-
core le 1. Paral.
p. 63.
(*c*) Porro proba-
biliter afferitur
invalida confef-
fione præcepto
fatisfieri. *Efcob. tr.*
I. Exam. 12. *cap.*
3. *n.* 27. *p.* 199.
(*d*) Filliut. Qnæft.
Mor. tom. I. tr.
6. cap. 8. n. 209.
p. 158.
(*e*) Voyez les
principes des Jef.
fur la prob. & fur
tout le 2. & 13.
principe p. 5. &
13.

avez écrit & prononcé contre l'humanité sainte de Jesus-Christ Notre Seigneur. Les oreilles les moins pieuses se refuseroient à mon discours, & les cœurs les plus durs frémiroient à mon recit.

Qui pourroit en effet écouter tranquillement ces paroles de votre pere Lami: que "le Verbe a pu prendre (*a*) "une nature humaine qui fût folle, ou "permettre après l'avoir prise, qu'el-"le tombât en démence.

Qui ne frémiroit s'il entendoit ces autres paroles de votre pere Lami: que "le Verbe a pu prendre (*b*) l'humeur sotte "& grossiere de l'animal le plus stupi-"de, & par conséquent l'erreur de la "nature humaine, qui consiste dans "une opposition à la verité, & dans un sentiment contraire aux regles & aux loix éternelles: car c'est ce qu'il faut entendre par ces paroles: *Error pravæ dispositionis*, erreur que ce Jésuite croit avec Vasquez, avoir pu être (*c*) absolument en Jesus-Christ.

Enfin qui ne crieroit à l'anathême s'il écoutoit avancer par votre pere Vasquez, que "le Verbe en prenant la nature humaine (*d*), pouvoit prendre "aussi

(*a*) An verbum potuerit naturam humanam dementem assumere, vel in ea assumta, amentiam permittere? Affirmans pars, non modo probabilior, sed omnino vera est mihi. *Amicus. tom. 6. disp. 24. Sect. 4. n. 128. pag* 361.

(*b*) *Potuit verbum assumere stoliditatem naturæ asininæ; ergo & errorem natura humana.* Voilà un *ergo* qui prouve que ce Jésuite est aussi mauvais raisonneur qu'impie; car il n'y a point de relation necessaire entre la stupidité de l'âne & une opposition à la verité. *Amic. ibid. n.* 116.

(*c*) Potuisse de potentia absoluta talem errorem esse in Christo... *Vasquez disp.* 60. *Amic. ibid. n.* 114. (*d*) Affirmat Vasquez disp. 61. cap. 6.... quoad habitus vitiosos, eos assumi potuisse (à Verbo) cum natura humana. *Amic. ibid. Sect.* 2. *n.* 42.

,, auſſi ſes habitudes vicieuſes .... &
,, qu'il n'y a aucune abſurdité à dire que
,, le Verbe (a) par la communication
,, mutuelle des deux natures, eſt capa-
,, ble de pécher.

Si j'avois à prouver que vous formez
la Compagnie d'un *pécheur* & d'un *vi-
cieux*, d'un *ſtupide* & d'un *inſenſé*, je
ne pourrois rien faire de mieux que de
raporter ces paſſages, parce qu'on y
voit tout d'un coup une reſſemblance
& une conformité parfaite entre vous
& un tel chef. Mais ayant à prouver
que vous n'êtes point la Societé de *Jeſus*, c'eſt à dire, de la ſageſſe perſonnel-
le & de la ſainteté par eſſence qui s'eſt
unie à notre nature, c'eſt par d'autres
paſſages, ou ſi vous voulez par d'autres raiſonnemens, que je prouverai
cette Theſe.

Jeſus-Chriſt n'a point d'autre Societé, d'autre Compagnie, ni d'autre Troupeau, que celui dont il eſt le paſteur :
or il n'eſt point votre paſteur : je le
prouve.

Jeſus-Chriſt n'eſt le paſteur que de
ceux dont il eſt le Medecin, le Liberateur & le Sauveur. Or il n'eſt ni
votre Medecin, ni votre Liberateur,
ni votre Sauveur : c'eſt vous-mêmes,
mes peres, qui allez nous en fournir les
preuves.

Nous nous portons bien, dites-vous,

B 4 &

(a) Multi enim inter quos Vaſquez diſp. 61. cap. ult. non reputant abſurdum Verbum per communicationem idiomatum denominari peccabile. *Amic. ibid. Sect.* 2. *n.* 103.

& nous ne sommes point malades. Notre corps est sain aussi bien que notre
ame ; notre nature est pure, (a) & n'est
nullement viciée ; le péché de notre
premier pere ne nous a fait aucune plaie
positive & réelle ; il nous a laissé en
aussi bon état que s'il n'avoit jamais été:
en un mot il ne nous a fait contracter
aucune qualité maligne & vicieuse : tels
sont les apanages de notre heureuse nature ; & tels sont les privileges dont
nous prétendons jouir dès le sein ma-
ternel.

Telle étoit aussi, mes peres, la fla-
teuse prétention des Pharisiens. Comme vous ils se disoient innocens & sans
tache ; comme vous ils se croyoient
purs & nullement viciés : Et ce fut
parce qu'ils avoient cette bonne opinion d'eux-mêmes, qu'ils trouvoient
fort mauvais que Jesus-Christ mangeât
& conversât avec des Publicains : *Ils
murmuroient*, dit S. Luc (b), de ce que
ce divin Sauveur alloit en si mauvaise
compagnie : c'est parmi nous, disoient-
ils, qu'il devroit se former une Societé ; c'est à nous qu'il devroit s'attacher.
Nous sommes, non comme ces publicains, des profânes & des pécheurs,
mais ce qu'il y a parmi le peuple de
Dieu de plus pur & de plus saint : c'est
à dire, leur répondit Jesus-Christ, que
vous vous portez bien, & que votre
ame

(a) Voyez les passages de ces peres raportés dans le Paral. sur l'état de pure nature. ch. I. §. I. p. 18. 19. 20 21. 22. Et §. III. p. 36.

(b) Luc. 5. 30.

[25]

ame jouit d'une parfaite fanté ; c'eft pour
cela même que je vous laiffe pour aller
chercher les malades dont la nature eft
bleffée & corrompue par le péché. Telle fut la réponfe de Jefus-Chrift aux
Pharifiens. Or vous fentez, mes peres, combien elle vous convient : vous
n'êtes point comme le refte des hommes, afligés de maladies : tout eft fain
dans vos perfonnes, l'ame comme le
corps : le cœur comme l'efprit ; par
conféquent Jefus-Chrift n'eft point votre Medecin : *Non egent qui fani funt,
medico* (a), *fed qui malè habent.*

Il n'eft point non plus votre Liberateur.

Eh, comment le feroit-il ? Etes-vous
des captifs, êtes-vous des efclaves ? Gé-
miffez-vous fous le poids de la mifere
commune ? Sentez-vous comme Paul,
votre affujetiffement à la loi du péché ?
Déplorez-vous, comme cet Apôtre, ce
trifte & honteux efclavage ? Et vous
écriez-vous comme lui, *Infortuné* (b)
que je fuis ! qui mettra fin à mes maux ?
Qui brifera mes chaînes, c'eft à dire, qui
déracinera de mon cœur cette concupifcence qui me détourne toujours du
bien que je veux faire & qui me porte
fans ceffe au mal que je veux éviter ?
Appellez-vous enfuite *la grace* (c) *de
Dieu* à votre fecours, & la demandez-
vous *au nom de Jefus-Chrift* qui feul peut
l'ob-

B 5

(a) Ibid. v. 31.

(b) Rom. 7: 24.

(c) Gratia Dei
per Jefum Chri-
ftum Dominum
noftrum, *ibid.* 25.

l'obtenir? Venez-vous vous jetter aux pieds de ce Liberateur, comme des hommes *fatigués (a) & chargés*, pour en recevoir *du soulagement?* Lui dites-vous d'un ton de vrai captif: C'est vous seul qui pouvez *m'affranchir (b) & me mettre en liberté.* C'est vous seul qui pouvez me rendre juste de pécheur que je suis, parce que *toute puissance (c) vous a été donnée dans le ciel & dans la terre.* C'est vous seul enfin qui êtes ma ressource & toute mon esperance. *Sans (d) vous je ne puis rien, mon sort est entre (e) vos mains.*

Sont-ce là, mes peres, les sentimens de vos cœurs? Est-ce là le cri de votre Foi? Expliquez-vous s'il vous plaît, & parlez nous sans détour.

Non, me dites-vous, nous ne connoissons point ce langage; il n'est point en usage dans notre Societé. Loin de nous les soupirs & les plaintes, les larmes & les gémissemens. Nous ne sommes point nés esclaves, nous sommes nés libres. Notre nature est pure, nos forces sont entieres, notre volonté est saine; notre libre arbitre n'a point été affoibli (f); son indifference pour le bien comme pour le mal est la même que s'il n'y avoit point eu de péché, nous rejettons ce que les Peres & les Conciles ont dit sur les blessures & sur les plaies faites à l'homme par la chute d'Adam,

(a) Venite ad me omnes qui laboratis & onerati estis, & ego reficiam vos. *Matt.* 11. 28.
(b) Si ergo vos Filius liberaverit, verè liberi eritis. *Joan.* 8: 36.
(c) Data est mihi omnis potestas in cœlo & in terra. *Matt.* 28. 18.
(d) Sine me nihil potestis facere. *Joan.* 15. 5.
(e) In manibus tuis fortes meæ. *Ps.* 30. 16.

(f) Voyez les passages de ces Peres raportés dans le Paral. sur l'état de pure nature. ch. 1. §. 1. p. 18. 19. 20. 21. 22.

d'Adam, nous croyons que cette chute n'a en rien alteré ni nos facultés corporelles ni nos facultés spirituelles : de-là cette censure si forte, ou plutôt cette juste condamnation des propositions de Quesnel sur l'impuissance de l'homme & sur son prétendu besoin d'un secours spécial pour connoître ses devoirs & pour les pratiquer : ce secours ne nous est en effet nullement necessaire ni pour l'un ni pour l'autre : nous pouvons sans une assistance particuliere de Dieu, sans Jesus-Christ & sans sa grace, non seulement d'un pouvoir physique, mais même d'un *pouvoir moral* (a), connoître toutes les verités qui concernent les bonnes mœurs, & observer toute la loi naturelle, c'est à dire, le Décalogue tout entier : nous pouvons *par les seules forces de la nature* surmonter les plus fortes tentations, & resister aux plus violens efforts de la cupidité. Tel est notre pouvoir, telles sont nos forces, telle est enfin notre santé. Je vous en fais compliment, mes peres ; il s'en faut de beaucoup que je me porte si bien. Mais votre concupiscence n'a t-elle pas aussi quelque privilege particulier que n'a point celle des autres ?

Vous n'ignorez pas qu'elle est bonne (b), excellente, qu'elle est un don de Dieu ; nous vous avons dit encore qu'elle a le merveilleux talent de ne se por-

(a) Voyez les passages de ces peres raportés dans le Paral. sur l'état de pure nature. ch. 2. §. 1. p. 51. 52. 53. 54. 55. 56. 57. 58. Et §. III. p. 86 87. 88.

(b) Voyez le 1. Paral. p. 139. 140.

porter jamais qu'à ce qu'il y a de senfible (*a*) & d'agréable dans le péché, évitant toujours la malice qui pourroit s'y rencontrer & dont on n'a que faire. Or c'eft de la réunion de tous ces avantages, que naît cette liberté d'efprit, cette paix & cette tranquilité dont vous nous voyez jouir en ce monde. Les autres font dans le deuil & la triftesse, dans les larmes & les gémissemens; pour nous, nous fommes gais, joyeux, contens (*b*), & nos cris ne font que des cris d'allegresse.

C'eft à dire, mes peres, qu'il en eft de vous comme des enfans d'Ifraël, qui après avoir rejetté Dieu, chantoient & danfoient (*c*) autour de l'idole qu'ils venoient de fe former. O Dieu, jaloux de votre gloire, infpirez à vos Pontifes & à vos Prêtres le même zele que vous infpirâtes à Moyfe & à la Tribu de Lévi, non pour exterminer la Société (*Qu'elle vive* (*d*) *au contraire, & qu'elle fe convertiffe*) mais pour la punir du crime qu'elle a commis en rejettant le Libérateur que vous nous avez donné, en mettant fa confiance dans fon libre arbitre, & en fe faifant une idole de fon abomination même, je veux dire de fa concupifcence.

Je croi que vous n'exigez pas maintenant de moi que je vous prouve que Jefus-Chrift n'eft point votre Sauveur,

Ce-

[29]

Cependant s'il vous reſtoit quelque doute ſur ce point, écoutez ce Sauveur lui-
même, il va vous en donner la preuve.

,, Mes brebis, *dit-il*, me connoiſſent
,, & entendent ma voix : *Oves meæ (co-*
,, *gnoſcunt me) & vocem meam* (a) *au-*
,, *diunt.* Je ſuis venu dans le monde
,, *& je me ſuis incarné* pour leur don-
,, ner la vie", (b) & pour la leur donner même avec plus d'abondance que
le demon & le péché ne leur avoient
donné la mort. Or vous ne me con-
noiſſez point & vous n'entendez point
ma voix, lorſque je vous dis que *la vie*
éternelle conſiſte à me connoître ; puiſque
vous prétendez que l'on peut être ſau-
vé ſans m'avoir jamais connu, & même ſans qu'il ſoit neceſſaire de neceſſi-
té de moyen (c) de me connoître : donc
vous n'êtes point mes brebis : donc je
ne ſuis ni votre Paſteur ni votre Sauveur : donc vous n'êtes point ma Compagnie.

Qui ſommes-nous donc ? des Jéſuites, mes peres, c'eſt-à-dire, des hommes qui n'ont ni Jeſus-Chriſt pour Chef,
ni l'Egliſe pour Mere, ni Dieu pour
Pere. Vous êtes encore de votre propre
aveu *les Phariſiens de la nouvelle Loi ;*
ainſi cherchez dans l'Evangile quelle
eſt votre origine, vous la trouverez
dans la généalogie (d) que la verité
éternelle a fait de vos ancêtres. Obſer-
vez

(a) Joan. 10:
14. 27.

(b) Ego veni ut
vitam habeant &
abundantius ha-
beant. *ibid.* 10.

(c) Voyez la fou-
le de paſſages
de ces Peres
raportés dans
les princip. ſur
la Probab. §.
VIII. p. 98. &
ſuiv.

(d) Joan. 8:44.

vez seulement qu'autant que la loi nouvelle est au dessus de l'ancienne, vous avez à proportion surpassé les anciens Pharisiens en erreurs, en impiétés & en maximes licentieuses.

Je vous entends me répondre dans le transport d'une colere réduite au desespoir, ce que votre pere la Chaise répondoit à Monsieur Pascal : que je suis un *Janséniste* possédé de l'esprit d'erreur. Mais à quoi pensez-vous ? Ne voyez-vous pas que cette réponse forme le dernier trait de ressemblance entre vous & les premiers Pharisiens : *Vous êtes un Samaritain* (a) *possédé du Démon*, repliquerent-ils à Jesus-Christ en pareille circonstance ? Ne voyez-vous pas que de parler ainsi, c'est dire des injures à la vérité qui vous confond. Humiliez-vous, mes peres, devant cette vérité : c'est le seul moyen qui vous reste pour vous reconcilier avec elle.

(a) Nonne bene dicimus nos, quia Samaritanus es tu, & dæmionum habes. *Joan.* 8: 48.

IV. THESE.

Les Jésuites n'ont point les Peres de l'Eglise pour Docteurs & pour Maîtres.

Pour proceder avec ordre dans cette nouvelle These, il faut prémierement montrer par où a commencé le schisme des Jésuites avec les Peres de l'Eglise.

Ils

Ils ont d'abord divisé la vérité en deux parts. Les verités de la foi sont du reſſort des SS. Docteurs; & c'eſt à leur déciſion qu'il faut s'en raporter. Mais les vérités de morale qui regardent la conduite des Fideles ſont de notre compétance; & c'eſt à nous qu'il faut venir pour apprendre à les connoître: ainſi s'expriment ces peres.

,, La reſolution des difficultés (a) qui ,, naiſſent touchant la Foi, ſe doit ti-,, rer des anciens, *à veteribus haurien-*,, *dæ;* mais celles qui regardent les ,, mœurs & la vie des chrétiens, ſe ,, doivent prendre des écrivains mo-,, dernes; *à novitiis Scriptoribus.*

Ici la même penſée ſe préſente à tous les eſprits: c'eſt de demander à ces nouveaux venus, comment ſe conduiſoient les fidéles qui vivoient avant eux? Et à cette queſtion, voici ce qu'ils repondent: *Ils vivoient à leur maniere, comme nous vivons à la nôtre.* Par exemple ils haïſſoient les ſpectacles; & nous, nous les aimons; ils en prêchoient la fuite; & nous, nous y envoyons. Cette diverſité vient de la differente maniere d'enviſager les choſes. Les anciens regardoient le Théatre comme un lieu pernicieux & un écueil pour la pudeur; & nous, nous le regardons, à proprement parler, comme une grande chaire où pluſieurs Prédicateurs apprennent

(a) Quæ circa fidem emergunt difficultates, eæ ſunt à veteribus hauriendæ: quæ verò circa mores homine chriſtiano dignos à novitiis ſcriptoribus. *Reginaldus. Préfat. ad lect.*

(a) Voyez le ti-
tre de ce Pro-
grame dans
les princip. sur
la Probab. p. 37.
en marge.

(b) Celot. in
præf. Lib. 5.
p. 240.

(c) Inique de no-
ſtro ſæculo judi-
caverunt qui no-
ſtratum Religio-
ſorum mores ex
antiquorum fa-
ctis expendunt;
ut quod illi fa-
ciendum ſibi
committendum-
ve cenſuerunt,
hoc nos confe-
ſtim pro volun-
tate amplexemur
aut fugiamus.
Plane ut ſi quis
maturi ævi homi-
nem ad pueritiam
ridere compellat,
quoniam in illo
ætatulæ, &c. Ce-
lot. Ibid.

nent d'une maniere aimable à reformer
les mœurs : Auſſi dans le *programe* (a)
de notre pénultiéme *Tragédie*, avons
nous mis en titre : " Le Théatre chan-
„ gé en école de vertu, ou l'homme
„ inſtruit par le ſpectacle, c'eſt à dire
„ par la Tragédie, la Comedie, le Ba-
„ let & l'Opera ". Cela ſurprend ;
mais " qu'y faire : *Quid* (b) *agas ;* tou-
„ tes les choſes humaines vont de la
„ ſorte : *Sic ſe habent omnia humana.*
„ Les anciens ont vécu à leur mode :
„ *Vixerunt moribus ſuis antiqui ;* nous
„ vivons à la nôtre : *Nos noſtris :* telle
eſt la réponſe des nouveaux Peres de
l'Egliſe.

Il en eſt de même de la maniere de
vivre des premiers Religieux, ou plutôt, diſent-ils, " Nous ne craignons
„ pas d'avancer que ceux là ont très
„ mal (c) penſé (*iniquè judicaverunt*)
„ qui ont voulu juger de la vie des Re-
„ ligieux de notre ſiécle par celle des
„ anciens : en ſorte que ce que les an-
„ ciens ont cru être obligés de faire ou
„ d'éviter, nous doive auſſi être com-
„ mandé ou défendu : c'eſt comme ſi
„ on vouloit faire retourner dans l'en-
„ fance un homme qui eſt dans un âge
„ mûr, parce que dans ſes premiéres
„ années il avoit quelque choſe d'enga-
„ geant & d'enjoué qui faiſoit plaiſir à
„ la mere : *Quoniam in illo ætatula flore,*
vin-

vinculum & elegantulum nonnihil habe-
bat quod matri arrideret.

Je laisse à penser lequel des deux est le plus enjoué, des mœurs graves & sérieuses des premiers Religieux, ou des maximes des *Freres mendians de la Société de Jesus*. Je laisse aussi à juger qui des Jésuites ou des Peres de l'Egli-se, font des *Déclamateurs* & des *Rhétoriciens* (a) dont les discours *hyperboliques* tiennent non du Théologien, mais de *l'Orateur*, lorsqu'ils nous disent les uns que „ l'on fait aujourd'hui péniten-„ ce d'une maniere si alaigre & si prom-„ te (b), que les péchés se trouvent „ aussitôt expiés que commis "; Et les autres, que „ la pénitence pour être „ sincere, doit être longue (c), péni-„ ble, éprouvée, & animée par la cha-„ rité : Les uns que „ la contrition se-„ roit un obstacle à la reception (d) du „ principal effet du Sacrement de péni-„ tence, & que d'exiger cette contrition „ ce seroit un précepte impertinent "; & les autres que „ personne ne reçoit „ l'effet du Sacrement (le pardon (e) „ de ses péchés) s'il n'a la charité, c'est „ à dire, la contrition ". Je laisse en-core à juger qui des Jésuites ou des SS. Peres ont le mieux réussi non *à mettre un frein à la licence* pour user des ter-mes de Francolin, mais *à l'augmenter (f)*, lorsqu'ils ont établi ces maximes pour

C les

(a) C'est ainsi que les Jésuites traduisent les SS. Peres. Voyez le 1. Paral p. 70. & les princip. sur la Probab. p 77.

(b) *Alacrius atque ardentius.* Voyez le passage en entier dans le 1. Paral. p. 71.

(c) Ibid. p. 70.

(d) Ibid. p. 42.

(e) De absolutione dicendum quod nemo recipit effectum, nisi charitatem habeat. *S. Bonav.* in 4. dist. 17. part. 2. Q. 4. tom. 5. p. 227. in resp. ad 4.

(f) Voyez le 1. Paral. p. 70.

[34]

(a) Voyez les instruct. de S. Charles.

(b) Voyez le 1. Paral. p. 74. 75.

(c) Oportere plurimum ut ante confessionem gravium peccatorum, vel saltem ante absolutionem præmittantur exercitia interna & externa pœnitentiæ. *Card. de Aguirre. Dissert. 8. in Can. 11. & 12. Concil. Tolet. 3.*

(d) Voyez le Memoire des 4. Evêques p. 28. 29. part. 1. Le passage de Francolin & d'Escobar son maître y est cité tout au long.

les Confesseurs. Les uns " de ne point " absoudre indifferemment tous ceux " qui se presentent (a), mais de diffe- " rer l'absolution à ceux qu'ils juge- " roient probablement devoir retomber " dans leurs péchés, quelques promesses " & quelques protestations qu'ils fassent " de n'y plus retomber ; & les autres, " qu'on ne doit ni refuser ni differer " l'absolution à ceux qui sont dans des " péchés d'habitude (b) contre la Loi " de Dieu, de nature, & de l'Eglise, " encore que l'on n'ait aucune esperan- " ce qu'ils se corrigeront ". Enfin je laisse à décider qui des Jésuites ou des Peres de l'Eglise sont plus sages & plus prudens : ceux-ci " de faire prece- " der (c) la confession des péchés griefs, " ou aumoins l'absolution de ces péchés, " par des exercices interieurs & exte- " rieurs de pénitence ; & ceux-là, d'ab- " soudre sur le champ & sans aucun dé- " lai, un pécheur d'habitude qui dé- " clare qu'il veut remettre à l'autre mon- " de à faire pénitence (d), & à souffrir " en purgatoire toutes les peines qui lui " font dues. "

Telle est la difference des Jésuites avec les anciens Peres, telle est leur sagesse & leur prudence, telles sont *les regles de leur douceur*, pour user encore des termes de Francolin leur Ecrivain moderne, dans son Ouvrage intitulé, té, *Le Clerc Romain précautionné contre la trop grande rigueur* (a) *des Peres de l'Eglise, dont la sévérité, dit-il, détournoit de la pénitence ceux qu'elle ne détournoit pas du péché :* telles sont enfin les raisons pour lesquelles la Société n'a laissé en partage aux anciens, que *les matieres qui regardent le dogme,* & s'est rendue maîtresse de celles *qui regardent la morale.*

Mais que l'on ne s'y trompe pas : les Jésuites ne sont pas plus d'accord avec les SS. Peres sur ce qui touche le dogme, que sur ce qui regarde la morale. Ils méprisent & rejettent également leur autorité sur l'un comme sur l'autre ; & quand ils disent le contraire, ce n'est que compliment, imposture & mensonge.

Fut-il jamais de mépris plus formel, que celui que témoigne Maldonat pour S. Augustin l'oracle & la lumiere de l'Eglise, principalement sur les matieres de la grace & de la prédestination. Ce Jésuite, après avoir dit que ” la défini-
„ tion de ce S. Docteur sur la préde-
„ stination, a été adoptée par tous les
„ anciens . . . tels que S. Prosper, S.
„ Fulgence, &c., ajoute que ce Pere
„ a été un novateur : Le sentiment de
„ S. Augustin, dit-il, a été inoui
„ avant (b) lui … & il s'est exprimé
„ avec une dureté qui n'a point d'exem-
„ ple.

(a) Voyez le n.
Paral. p. 70. 83.
84.

(b) Sententia S. Augustini ante illum inaudita fuit .. Durissimé omnium de prædeſtinatione locutus eſt. *Mald. op. Theol. tom. 3. tr 4. diſp. 2. Queſt. 3. p. 127. & Queſt. 4. p. 108.*

(a) Ibid. p. 110,

(b) Temerè affirmabimus illud auxilium aliquibus denegari; atque ab Auguſtino & aliis qui id docuerunt, petere poſſumus undenam hujus voluntatis certiores fuerunt effecti. *Vaſq. Comment. in 1. part. S. Th. tom. 1. diſp. 97. cap. 3. n. 20.*

(c) Ex ea enim cogimur incidere in ſententiam Pelagii. *Vaſq. in 1. 2. S. Th. tom. 1. diſp 132. cap. 3. n. 11.*

(d) Dans ſa diſſertation de la prédeſtin. & de la réprob. Sect. 4. p. 320. n. 43.

(e) Dans ſon trai-

,, ple. Enſuite parlant des explications que ce même Saint a données à ce paſſage de S. Paul: *Dieu veut que tous les hommes ſoient ſauvés*, il dit que ſes explications ne doivent pas être admiſes... & que les raiſonnemens qui l'ont porté à penſer comme il a fait, ſont indignes de ſon eſprit: *Indigna ſunt (a) ejus ingenio.*

Le Jéſuite Vaſquez ne fait pas plus de cas de la doctrine de ce Saint: ,, Nous ne pourrions (b), dit-il, aſſurer ſans témerité que la grace eſt refuſée à quelques-uns; & nous pouvons demander à S. Auguſtin & aux autres qui ont enſeigné qu'elle n'eſt pas donnée à tous, d'où ils ont apris avec certitude que telle eſt la volonté de Dieu... Nous ſerions contraints, dil-il ailleurs (c), en ſuivant la doctrine d'Auguſtin ſur le péché originel, de tomber dans l'héréſie de Pélage.

Leſſius autre Jéſuite ne craint point d'avancer que la lecture de S. Auguſtin ſur la grace, la prédeſtination & le péché originel (d), a fait tomber pluſieurs perſonnes, même très ſavantes, dans l'erreur: *In errores prolapſi.*

,, Tout le monde, dit auſſi Mariana (e), n'aprouve pas le ſentiment de ce Saint ſur la prédeſtination. Sa doctrine ſur ce point paroît à pluſieurs (aux Jéſuites) une doctrine dure & HOR-
,, RI-

„ RIBLE : *Horrida multis videtur & aspera.*

Le fameux Pere Petau, après avoir reconnu dans le neuviéme livre du premier tome de ses Dogmes Théologiques, l'obligation qu'ont tous les Theologiens de suivre la doctrine de S. Augustin sur la grace & sur la prédestination, comme étant celle de l'Eglise catholique, n'a point rougi de se prêter à la haine de sa Compagnie contre M. l'Evêque d'Ipre, l'Augustin de nos jours, & de détruire dans un dixiéme livre ce qu'il avoit établi dans le neuviéme. " L'autorité de S. Augustin (*a*) " n'est plus regardée comme un pré- " jugé bien important. Tel est son début; après quoi venant aux explications que ce Pere a données à ce passage de S. Paul : *Dieu veut que tous les hommes soient sauvés,* il dit que " ses explica- " tions, loin de contenir rien de cer- " tain & de solide, lui paroissent au " contraire n'avoir été inventées que " POUR ELUDER LA DIFFICULTE " : *Ad eludendum magis excogitati* (*b*), *quam certi ac solidi videri solent.* Tel est le langage de ce Jésuite.

Mais le jargon du Pere Adam est encore plus revoltant. S. Augustin, dit-il (*c*), N'A PAS VOULU DIRE NETTEMENT SES PENSE'ES, ou bien il n'a pas été assez heureux pour les expli-

C 3

„ quer

té de la mort & de l'immortalité. Liv. 3. ch. 8. p. 436.

(*a*) Pet. Dogm. Theol. tom. 1. liv. 10. cap. 1.

(*b*) Ibid. cap. 3. n. 2.

(*c*) Dans son livre intitulé : Calvin défait par soi même, ch. 6. & 7.

(a) Dii majorum
Juven. Sat. 7.

(b) Qui cum fa-
pientibus gradi-
tur, fapiens erit.
prov. 13. 20.

(c) Ne defpicias
narrationem
Præfbyterorum

» quer de telle forte, qu'il n'y ait au-
» cun lieu de douter de fon intention.
» Ses tenebres, dit-il encore, obligent
» à chercher ailleurs la lumiere ... Em-
» porté qu'il étoit par le feu de la dif-
» pute contre les Pélagiens, il a été plus
» loin qu'il ne vouloit; il a paru favo-
» rifer les hérétiques; & IL EST CON-
» STANT QU'IL A EXCEDE' en parlant
» fur les matieres de la grace & de la
» prédeftination ... Enfin il fe jette dans
» des extrémités dangereufes: paroles,
» *remarque ce Jéfuite,* qui feroient in-
» folentes, fi elles n'étoient véritables.
· Dieux immortels (a) ! s'écrieroit ici
Juvenal, s'il vivoit de nos jours &
qu'il fut catholique, fut-il jamais de
violement plus marqué de la fainte maxime que nous ont apris nos Ancêtres:
» Qu'il faut avoir pour nos Maîtres
» autant de vénération que pour no-
» tre propre pere : *Qui praeceptorem*
Sancti voluere parentis esse loco. Et
cette maxime dictée aux payens par le
bon fens & la droite raifon, nous a été
dictée à nous-mêmes par l'efprit de Dieu
dans les faintes Ecritures: MARCHEZ,
nous dit cet Efprit faint (b), A LA SUI-
TE DES SAGES, c'eft à dire, regardez
les comme vos Maîtres, & reglez vos
fentimens fur les leurs: " Donnez vous
» bien de garde (c) de méprifer leurs
» difcours ... parce que ne difant rien
» que

„ que ce qu'ils ont apris de leurs pe-
„ res … ils vous feront connoître la vé-
„ ritable sagesse, & vous enseigneront
„ la doctrine qui donne l'intelligence.
Ainsi parle l'Eglise à son tour par la
bouche des SS. Papes, des SS. Evêques,
& des Conciles pour nous obliger à
chercher dans les Ecrits des Peres, &
sur-tout dans ceux du grand Augustin,
la saine morale & la doctrine catholique & apostolique sur les dogmes de
la prédestination & de la grace.

Mais la Société aussi sourde à la voix
de la religion qu'à celle de la raison,
aime mieux suivre les tenebres de son
esprit sur le dogme, & la corruption de
son cœur sur la morale, que la doctrine pure & lumineuse de la sainte Antiquité: Encore si contente de faire schif-
me, elle ne disoit pas des injures aux
SS. Peres; mais pleine du fiel du Dra-
gon, parce qu'elle est pleine de son orgueil, elle n'exhale contre eux & principalement contre S. Augustin qu'in-
vectives & duretés.

„ l'Eglise, dit-elle, seroit bien (*a*)
„ misérable : *Miseram fore Ecclesiam*,
„ si elle étoit obligée de suivre les sen-
„ timens de S. Augustin ». Ne sem-
ble-t'il pas que ce S. Docteur soit lui
même *un miserable?*

„ Il faut délivrer l'Eglise de la tute-
„ le (*b*) & de l'esclavage d'Augustin:

C 4　　　　Ec-

Marginal notes:

sapientiam, Ec-
cli. 8. 9.
Non te prætereat
narratio Senio-
rum: ipsi enim
didicerunt à pa-
tribus suis … ab
ipsis enim disces
sapientiam, &
doctrinam intel-
lectûs. *Ibid.* 10.11.

(*a*) Miseram fore
Ecclesiam, si S.
Augustini placitis
obstricta maneat.
*Les Jésuites de
Louvain dans
leurs cahiers di-
ctés en* 1587.

(*b*) Les Jesuites
de Louv. *ibid.*

(a) Augustini dotes sive naturales, sive infusas, non fuisse altioris ordinis quam aliorum Doctorum, etiam Scholasticorum. *Les Jes. de Lou. ibid.*
(b) Si triumphus Ecclesiæ de Pelagianis niteretur posterioribus Augustini scriptis, immerito de eis illa triumphasset. *Cette proposition est d'un Jésuite cité dans la vie de S. Aug. Liv. 4. ch. 10 §. 6. par Jean Rivius célébre Augustin de Louvain.*
(c) Ex Augustini opinione de peccato originali, cogimur incidere in sententiam Pelagii. *Vasquez.*
(d) Augustini vestigiis non esse insistendum, sed aliter philosophandum. *Vasquez.*
(e) Verum Augustinus contra quod sentiamus, sentiat, non admodum referre. *Les Jésuites de Louvain.*

Ecclesiam à tutela & pedagogia Augustini esse vindicandam.

„ Les dons ou les avantages soit naturels (a), soit surnaturels qu'a eu ce Pere, n'ont point été plus sublimes ni superieurs à ceux des autres Docteurs, même SCOLASTIQUES (parmi lesquels sont les Jésuites) C'est à dire que voilà la grenouille qui s'enfle devant le boeuf pour paroître aussi grosse.

„ Si la victoire que l'Eglise (b) a remportée sur les Pélagiens, étoit fondée sur les derniers Ecrits d'Augustin, ce seroit à tort qu'elle en auroit triomphé ": *Immerito de eis illa triumphasset.*

„ En suivant la doctrine (c) de ce Pere sur le péché originel, NOUS SOMMES FORCEZ de tomber dans l'hérésie de Pélage.

„ Il ne faut donc point marcher sur ses traces (d), mais il faut philosopher autrement qu'il n'a fait.

„ ET IL IMPORTE PEU qu'il soit d'un sentiment (e) contraire à celui de notre Société.

Que Ciceron eut parlé differemment, s'il avoit connu Augustin, lui qui ne forma jamais de décision, qu'après avoir consulté les sages & savans personnages qui l'avoient précedé, & principalement Platon dont il cite sans cesse les Ecrits, & qu'il apelle une fontaine

sain-

sainte & sacrée! *Ex hoc igitur Plato-
nis (a), quasi quodam sancto augustoque
fonte, nostra omnis manabit Oratio.* Mais
loin de former nos sentimens sur ceux
d'Augustin, disent les Jésuites, nous
ne faisons pas même d'attention à son
nom, non plus qu'à son autorité quand
nous l'entendons citer. *Transeat Augustinus*, laissez passer Augustin, disons-
nous tous les jours dans nos écoles &
dans nos disputes publiques.

Je ne finirois pas, si je voulois raporter tous les traits injurieux par lesquels les Jésuites non du commun, mais
les plus distingués ont essayé de flétrir
la mémoire de ce S. Docteur & d'affoiblir son autorité. ,, Il n'y a pas de
,, sujet (dit le P. Caussin (b) Confes-
,, seur de Louis XIII.) de prendre om-
,, brage des paroles de S. Paul & de S.
,, Augustin, qui semblent quelquefois
,, attribuer tout à la pure volonté de
,, Dieu, sans faire aucune considération
,, de nos bonnes oeuvres. Car il faut
,, considerer ces deux grands hommes
,, comme deux grandes mers qui s'en-
,, flent PAR IMPETUOSITE' D'ESPRIT tel-
,, lement en une rive, qu'ils semblent
,, vouloir laisser l'autre à sec pour un
,, tems.
,, S. Augustin, dit aussi le P. Annat
,, Confesseur de Louis XIV. a excedé
,, les BORNES (c) DE LA VERITE': de

C 5   ,, telle

(a) Cicer. Tuscul. Lib. 5. n. 36. in fine.

(b) Dans son livre intitulé : *La Cour Sainte* tom. 2. maxime 6.

(c) Excessisse (Augustinum) lineas necessariæ veritatis, ut sit nimia quædam severitas & iniqua vexatio, quæ medium illud in quo veritas sedet, transgredi jubet si præeat Auguftinus. *Annat. dans son livre in- titulé : Augusti- nus à Baïanis vindicatus. tb. 2. p. 862.*

„ telle sorte que s'il étoit notre guide, „ nous serions assujétis à une conduite „ trop severe & à une vexation injuste, „ qui nous obligeroit d'aller au delà „ du milieu où réside la verité.

Que deux Jésuites ayent parlé avec si peu de pudeur, je n'en suis pas étonné. Mais que des Successeurs de Paul & d'Augustin ayent donné des pouvoirs & en donnent encore à de tels hommes pour confesser nos Rois : quel est le cœur chrétien qui n'en soit pénétré de la plus vive douleur ?

Au reste la Société en traitant si mal S. Augustin, n'a fait qu'imiter Molina son grand Maître & son Docteur par excellence. Voici comme il s'étoit exprimé lui-même.

(a) *Augustini sententiam à multis duram nimis, indignam- que divinâ boni- tate ac clemen- tiâ, judicari non mirum.*

„ Il n'est point étonnant, dit-il (a), „ que bien des gens regardent la doctri- „ ne d'Augustin comme une doctrine „ trop dure, & indigne de la bonté de „ Dieu. 1. trait.

(b) *Augustini sententiam fide- lium non paucos turbasse ejusque autoritate percul- sos, in Pelagianis- mum declinasse.*

„ 2. Plusieurs fideles ont été trou- „ blés (b) par la doctrine de ce Pere; „ & étant frapés de son autorité, ils „ se font jettés dans le Pélagianisme, „ *c'est à dire dans l'hérésie.*

(c) *Augustinum quasi sub caligine constitutum ad veritatem à Pa- tribus inventam non attendisse.*

„ 3. Saint Augustin n'a point fait (c) „ attention à la verité découverte par „ les Peres, parce qu'il étoit comme „ environné de tenebres.

„ 4. Saint Augustin anéantit par ses „ expli-

„ explications (*a*) l'autorité des saintes
„ Ecritures ; & LES EXPOSE A LA RI-
SE'E DES INFIDELÈS.

Tels font les motifs qui ont porté Molina à inventer un fiftéme fur la grace
& fur la prédeftination qu'il a intitulé :
La concorde de la grace avec le libre ar-
bitre . Siftème de fon aveu, inconnu à
toute l'antiquité : „ Mon opinion (*b*),
„ dit-il, n'a été propofée jufqu'à pré-
„ fent par aucun auteur que j'aie lu :
Siftéme dont S. Auguftin n'avoit point
eu de connoiffance à caufe des tenebres dont fon efprit étoit envelopé :
„ Lorfque S. Auguftin, étoit envelo-
„ pé de tenebres (*c*), il ne fit pas at-
„ tention à ce que nous difons de la
„ prédeftination : Siftéme enfin, dit ce
Jéfuite, qui s'il avoit été connu, „ il y
„ a bien de l'aparence que l'héréfie pé-
„ lagienne n'auroit jamais paru … &
„ que tant de fideles n'auroient pas été
„ troublés par l'opinion de S. Augu-
„ ftin (*d*) & par fes difputes avec les
„ Pélagiens, lefquelles donnerent occa-
„ fion à plufieurs de fe déclarer pour
„ ces hérétiques.

Ainfi parle Molina pour relever fon
opinion particuliere aux dépens de la
doctrine de S. Auguftin. Et je fuis
perfuadé que quand on lui objectoit qu'il
avoit donc été plus clairvoyant que ce
S. Docteur, il répondoit ce que fes difciples

(*a*) Auguftinum
facrarum Scriptu-
rarum autorita-
tem fua expofiti-
one evacuare, &
ludibrio infide-
lium exponere.

(*b*) A nemine
quem viderim
huc ufque tradita.
Quaft. 23. *art.* 4.
& 5. difp. 1.
membro. ult.

(*c*) Dum fub eâ
quafi caligine S.
Auguftinus ad
hoc non attendit.
ibid.

(*d*) Neque ex
Auguftini opi-
nione concerta-
tionibufque cum
Pelagianis tot fi-
deles fuiffent tur-
bati, ad Pelagia-
nofque defecif-
fent. *Ibid. p.* 387.

(*) Hujufmodi fententiis fpiritu vehementiori prolatis abundant Patres, præfertim S. Auguftinus vehementioris ingenii, & æftuans ardore divinæ charitatis; hinc illæ propofitiones... Deus non colitur nifi amando ... Inimicus juftitiæ eft, qui pœnæ timore non peccat, aliæque nifi ad arctiorum aliquem & benigniorem fenfum quam præferant, redigantur ... falfæ funt. *Francol. tom. 2. difp. 7. p. 183. & de difciplina pœnitentiæ. Lib. 3. cap. 6. p. 319.*

ciples ont répondu depuis : Qu'il ne faut pas en être plus furpris qu'on le feroit de voir ” un nain apercevoir de „ plus loin qu'un géant fur les épau- „ les duquel il feroit monté. Vous riez peut-être ici, mon cher Lecteur ; pour moi j'éprouve le même fentiment que fi je voyois un pigmée s'elever dans les airs, & qui après avoir effayé de faire ombre au foleil, diroit aux habitans de la terre : c'eft à la faveur de la lumiere que je vais vous préfenter, qu'il faut dorénavant vous conduire : elle eft plus tempérée & plus proportionnée à vos yeux que celle de ce grand aftre, par conféquent elle vous convient mieux. Et c'eft ainfi que penfe Francolin.

Ce Jéfuite moderne, après avoir dit dans fon livre *du Clerc Romain* imprimé fous les yeux de Clement XI. que ” les Ecrits des peres font remplis „ de propofitions (*) qui partent d'un „ efprit TROP BOUILLANT : *Spiritu ve-* „ *hementiori ;* que S. Auguftin fur-tout „ avoit un efprit trop ardent, & qui „ étoit enflâmé par le feu de la charité „ parce qu'il a enfeigné que l'on n'ho- „ nore Dieu qu'en l'aimant, & que l'on „ étoit ennemi de la juftice lorfqu'on „ ne s'abftenoit de pécher que par la „ crainte du châtiment : propofitions, „ dit ce Jéfuite, qui font FAUSSES com- me bien d'autres du même genre, à „ moins

„ moins qu'on ne les reſtraigne à un
„ ſens plus doux que celui qu'elles pré-
„ ſentent ; *après avoir avancé* que S.
„ Cyprien étoit un RIGORISTE (*a*), &
„ que l'on pourroit taxer S. Grégoire
„ de Nazianze (*b*), S. Grégoire de Nyſ-
„ ſe & S. Baſile d'avoir erré en faiſant
„ ces celebres Canons de la pénitence ;
„ *après avoir inſinué* que S. Charles Bo-
„ romée avoit compoſé ſes inſtructions
„ ſur la pénitence dans un tems où il
„ avoit peu d'experience (*c*) & de ſa-
„ geſſe ; après avoir ainſi écarté tous
les Saints de l'Antiquité, & ceux qui
dans ces derniers ſiécles ont fait l'orne-
ment de l'Egliſe, tels que S. Thomas
de Ville-Neuve, S. François de Sales
& d'autres, il donne en ſpectacle les anciens Ecrivains de ſa Compagnie, &
montre d'abord Suarez qu'il dépeint
comme un Theologien ” qui par toutes
„ ſortes de ſciences divines & humai-
„ nes eſt arrivé au comble de la ſageſ-
„ ſe, & dont il parle dans les mêmes
„ termes que Notre Seigneur lorſqu'il
„ parloit à la Samaritaine.

„ Si vous connoiſſiez, dit-il (*d*) le
„ merite de ce Jéſuite : *Si ſcires ;* c'eſt
„ *à dire, ſi vous ſaviez de combien il eſt*
„ *ſuperieur à vos Peres de l'Egliſe* (&
„ vous le ſauriez ſi vous aviez lû ſes
„ Ecrits) vous rougiriez de votre igno-
„ rance, & vous rejeteriez avec mé-
„ pris

(*a*) Inter quos (Rigoriſtas) fuit ipſe (Cyprianus) *præfat. p. 3. tom. 1. diſp. 3. p.* 38.

(*b*) Adderet alius audacior quàm ſum ego, & un-de habes non erraſſe utrum-que, Grego-rium, Baſilium-que? *Tom.* 1. *diſp.* 9. *p.* 228.

(*c*) Adeòque æ-tate & ſapientiâ immaturus. *tom.* 2. *diſp.* 8. *p.* 216.

(*d*) Si ſcires quantum tibi ho-minem nomina-vi (ſcires autem ſi legiſſes) pude-ret te inſcitiæ tuæ & rigidio-rum Doctorum libellos, epiſto-las & tractatus.

*quos noctu diu-
que verfas, ob-
jiceres. tom. 1.
difp. 5. p. 111.*

„ pris les livrets de vos Docteurs rigi-
„ des, leurs lettres & leurs traités qui
„ font le fujet de vos meditations du
„ jour & de la nuit.

A Suarez Francolin joint Molina &
Leffius ” qui ont fait, dit-il, DE BON-
„ NES ADDITIONS (& de bons corre-
„ ctifs) aux Ecrits des SS. Peres ” :
Abfque dubio (a) *addidere.* Tel eft le
prélude de ce Jéfuite pour vanter le mérite des Ecrivains de fa Compagnie ; &
voici maintenant les avantages qu'il y a
felon lui à préferer leurs ecrits à ceux
des SS. Docteurs.

(a) *Ibid.*

„ C'eft que quand nous lifons les
„ écrits des Théologiens modernes, nous
„ fommes très affurés que ces écrits
„ font les ouvrages de ceux dont ils
„ portent le nom , au lieu que nous
„ n'avons pas la même certitude par ra-
„ port aux écrits des anciens ” : *Quam
fanè certitudinem* (b) *de veterum fcriptis
non habemus.* (On voit ici quels ont
été les Secrétaires de M. de Biffy , lorfque cette Eminence nous a dit que les
écrits des Peres étoient ou erronés (c)
ou *fupofés* & corrompus.)

(b) *Ibid.* p. 113.

„ Un fecond avantage , pourfuit
„ Francolin, qu'ont les écrits des mo-
„ dernes au deffus de ceux des anciens,
„ c'eft qu'ils font bien PLUS CLAIRS :
„ *clariora.* Un troifiéme avantage ,
„ c'eft que leur lecture eft beaucoup
„ PLUS

(c) Voyez fon
Inft. paft. p.269.
ou le 1 Paral. p.
153. & 154.

„ PLUS SURE : *Horum lectionem esse tutio-*
„ *rem*, parce qu'ils ont apris à écrire
„ d'une màniere châtiée. Enfin c'est
„ qu'ils renferment une érudition beau-
„ coup plus grande (*a*), une doctri-
„ ne plus étendue & beaucoup mieux
„ accommodée à nos ufages & à nos
„ mœurs : *Noftrifque ufibus magis ac-*
„ *commodatam.*

Ici fe prefentent à mon efprit ces paroles de Jeremie : Voici, dit ce Prophete, ce que le Seigneur a ordonné :
„ Tenez-vous fur les voyes (*b*), con-
„ fiderez & demandez quelles font les
„ ANCIENNES ROUTES & les anciens
„ fentiers, afin que vous puiffiez con-
„ noître la bonne voye, & qu'y mar-
„ chant vous trouviez le pain & le ra-
„ fraichiffement de vos ames. Mais,
„ *dit le Prophete, ceux à qui j'ai figni-*
„ *fié cet ordre*, m'ont repondu : Nous
„ n'y marcherons point. *Je leur ai dit*
„ *encore, Seigneur*, que vous aviez éta-
„ bli des fentinelles fur eux, & que
„ vous leur ordonniez d'écouter le bruit
„ de la trompette ; mais ils m'ont ré-
„ pondu : Nous ne l'écouterons point ".
Nous n'écouterons point en effet, di-
fent

(*a*) Horum li-
bros continere
eruditionem lon-
gè majorem ube-
riorem doctri-
nam. *Ibid. p. 116.*

(*b*) Hæc dicit
Dominus : State
fuper vias & vi-
dete, & interro-
gate de femitis
antiquis, quæ fit
via bona, & am-
bulate in ea ; &
invenietis refri-
gerium anima-
bus veftris. Et
dixerunt : Non
ambulabimus.
Et conftitui fu-
per vos fpecula-
tores : audite vo-
cem tubæ. Et
dixerunt, Non au-
diemus. *Jerem.*
b. 16. 17. Je fcai
que ces paroles
regardent princi-
palement les *Ac-*

commodans, & que les verfets 14. & 15. le démontrent. Mais
comme Dieu confond le *politique* avec celui qui va au crime fans
détour (*Declinantes autem à via recta, adducet Dominus cum operan-*
tibus iniquitatem. Pf. 124. 5.) j'ai droit d'appliquer aux Jéfuites ce
qui eft écrit ici pour les hommes d'explication & de temperament.

(a) Hinc præfer-
tim juniores,
nec Theologicâ,
facultate altùm
inſtructi adhor-
tandi ſunt ut po-
tius recentiorum
aliquem inſi-
gnem.... legant,
quam veteres,
quorum ſcripta
ex quadam ergâ
ipſos reverentiâ
non emendantur,
quamvis ambi-
gua multa &
periculoſa, imò
falſa contineant,
aliena videlicet
& ſuppoſita.
Ibid. ut ſupra.
p. 115.

ſent les Jéſuites, les diſcours de vos anciens : ce ſont des eſprits bouillans ; nous ne marcherons point non plus dans leurs routes antiques & ſurannées ; & depeur que la jeuneſſe ne fut tentée de prendre ces vieux diſcoureurs pour leurs guides & pour leurs maîtres, „ Nous exhortons, dit Francolin, les „ jeunes gens (a) & ceux qui n'ont pas „ une profonde ſcience en Théologie, „ de lire quelque Auteur diſtingué par-„ mi les modernes … plutôt que les „ anciens dont les Ecrits demeurent „ ſans être corrigés PAR UNE ESPECE „ DE RESPECT que l'on a pour eux, „ quoiqu'ils contiennent pluſieurs cho-„ ſes douteuſes, PERILLEUSES, & mê-„ me FAUSSES, qui ſont E'TRANGERES „ ET SUPOSE'ES (On reconnoît encore ici les Secretaires de M. le Cardinal de Biſſy.) Telle eſt la reponſe des Jéſui-tes aux ordonnances du Seigneur mar-quées par ſon Prophete, & à laquelle ils ne rougiroient point d'ajouter, que ſi les Cypriens, les Auguſtins, les Gré-goires & les Baſiles vivoient encore de nos jours, ils les feroient au moins in-terdire s'ils ne les dépoſoient pas, com-me ils ont fait à l'égard de l'Illuſtre M. de Soanen Evêque de Senez dans leur brigandage d'Embrun.

Sui-

[49]

Suite de la même matiere.

Après ce que l'on vient d'entendre, la curiosité porte naturellement à faire cette question : Pourquoi les Jésuites ont-ils tant d'aversion pour les Peres ? Car on ne voit qu'en partie pourquoi ils les maltraitent si fort, & on seroit bien-aise d'en voir les raisons dans un certain détail, afin d'être parfaitement au fait de quoi il s'agit entre eux & les SS. Docteurs. Écoutons sur cela l'Auteur du Témoignage, qui de tous ceux qui ont dépeint ce que la Constitution condamne, me paroit avoir fait le tableau le plus accompli.

„ Il s'agit, dit cet Auteur (*a*), de
„ savoir si l'homme sans Jesus-Christ a
„ quelque autre chose que le menson-
„ ge & le péché ; si le premier de nos
„ titres auprès de Dieu, n'est pas la Foi,
„ c'est à dire la confiance que nous avons
„ dans sa misericorde infinie par les mé-
„ rites de Jesus-Christ son Fils ; si la
„ Religion sainte n'est pas essentielle-
„ ment un culte d'amour ; si l'homme
„ devenu criminel uniquement parce
„ qu'il a cessé d'aimer son Dieu, peut
„ sans commencer à l'aimer, commen-
„ cer à lui plaire. Il s'agit de savoir si
„ Moyse a donné quelque autre chose
„ que la Loi sous laquelle gémit l'escla-
„ ve indocile, & si Jesus-Christ seul
„ n'a

(*a*) Temoig. de la verité. p. 235. & suiv.

,, n'a pas donné la grace qui fait les fer-
,, viteurs fidéles; fi quelque autre cho-
,, fe que la difference de l'amour, peut
,, changer un cœur dont tous les mou-
,, vemens en derniere analyfe doivent
,, être reduits à quelque amour: ce qui
,, eft une vérité fi claire que les Jéfui-
,, tes la comprendroient eux-mêmes,
,, s'ils n'étoient auffi méchans philofo-
,, phes qu'ils font mauvais théologiens.
,, Il s'agit de favoir fi la fageffe de Dieu
,, n'atteint pas de l'un à l'autre bout; fi
,, quelque chofe échape à fa providen-
,, ce; s'il n'a pas tout pouvoir fur les
,, caufes libres, comme il l'a fur les
,, caufes néceffaires; & fi ce n'eft pas
,, une folle impiété, de nier qu'il puif-
,, fe tourner le cœur de l'homme où il
,, lui plaît, quand il lui plaît & com-
,, me il lui plaît, fans bleffer fa liber-
,, té. Il s'agit de favoir fi les brébis
,, que le Pere a données à fon Fils,
,, quelqu'un peut les ravir de fes mains;
,, & fi les tendres prieres que ce Fils,
,, l'objet de fes complaifances éternel-
,, les lui a offertes dans les jours de fa
,, chair, n'ont pas été pleinement exau-
,, cées. Il s'agit de favoir fi le fang
,, adorable qu'un Dieu a répandu pour
,, nos péchés, ne doit pas être traité
,, avec autant de refpect que l'étoit au-
,, trefois le fang des boucs & des tau-
,, reaux; & fi le profanateur facrilege
,, qui

„ qui le foule aux pieds, ne doit pas
„ s'affliger & gémir pour en recevoir
„ l'afperfion; s'il ne faut pas s'affurer
„ que fa triftefle eft une triftefle felon
„ Dieu, puifque celle-là feule opere
„ une pénitence ftable pour le falut;
„ & fi par conféquent ce n'eft pas une
„ conduite fage, pleine de lumiere &
„ de charité, que de donner à un pé-
„ cheur le tems de prouver fa péniten-
„ ce par fes oeuvres. Il s'agit de fa-
„ voir fi toute Ecriture infpirée de
„ Dieu n'eft pas bonne & utile pour
„ inftruire, pour reprendre, pour cor-
„ riger, & pour conduire à la piété &
„ à la juftice, afin que l'homme de
„ Dieu foit parfait & parfaitement dif-
„ pofé à toutes fortes de bonnes oeu-
„ vres; fi dans ces Ecritures il n'eft pas
„ vrai qu'il y eft dit, que tous ceux qui
„ voudront vivre avec piété, fouffriront
„ perfécution; fi c'eft un mal de le ré-
„ peter après elles; fi tout fidele ne
„ doit pas s'y attendre. *Ajoutons*, car
l'Auteur n'eft pas allé plus loin. Il s'a-
git de favoir fi c'eft un homme feul ou
l'unité de Eglife qui a recu les clefs du
Royaume des Cieux; s'il faut obéir à
Dieu plutôt qu'à un homme qui, quoique fort élevé, demeure toujours environné de foibleffes & de fragilités. Il
s'agit de favoir s'il faut ceder au capri-
ce, à l'injuftice & à la violence de l'E-

vêque de Rome lorſqu'il lui plaira de nous ménacer de l'excommunication, afin de nous faire rompre avec nos Rois & de nous en détacher ; ſi ce Pontife a le droit de dépouiller de leurs Etats les Rois qu'il aura excommuniés, de diſtribuer, comme faiſoient autrefois les Empereurs Romains, leurs ſceptres & leurs couronnes à qui il lui plaira, & de diſpenſer leurs ſujets du ſerment de fidélité. Enfin il s'agit de ſavoir ſi le plus ſacré & le plus inviolable des liens par où l'on peut retenir les hommes, & les obliger à ſe garder la foi les uns aux autres, je veux dire le ſerment, doit être non ſeulement rendu commun parmi les diſciples d'un Dieu qui ordonne *de ne point jurer du tout*, mais profané juſqu'à être employé à atteſter le douteux ou le faux, comme le certain & le vrai. Tel eſt le ſujet des diſputes entre les Jéſuites & les Peres de l'Egliſe.

Or ces derniers dépoſent pour toutes les verités que l'on vient d'entendre, ou plutôt ils les ont enſeignées *en propres termes (a) ou en termes équivalens* de l'aveu de M. le Cardinal de Biſſy ; au lieu que les Jéſuites combattent de front ces vérités, & prennent pour objet de leur foi les erreurs oppoſées : Donc les Jéſuites ont tort. Vous vous trompez, répond M. le Cardinal de Biſſy,

(a) Voyez la citation qui ſuit.

Biffy, ce font les Peres de l'Eglife, parce qu'ils ont " ou erré fur la matiere
„ des cent unes (*a*) propofitions, ou que
„ leurs Ecrits font fupofés & corrom-
„ pus … & qu'il n'eft pas poffible de
„ prouver *le contraire* depuis que la Bul-
„ le eft reçue ?". Vous vous trompez
vous-même, repliquera-t'on fans doute
à cette Eminence : vous parlez comme
Francolin qui eft l'accufateur & le calomniateur des Peres. Accommodez-
vous, mon cher Lecteur, avec cette E-
minence, je vous laiffe fur le champ de
bataille, & je reviens à Francolin.

Le croiroit-on, que cet Ecrivain
moderne de la Société, non content
d'avoir renverfé toute la Tradition &
foulé aux piés l'Antiquité facrée pour
lui fubftituer un Molina, un Suarez, un
Leffius, &c. porte l'audace jufqu'à mettre prefque de niveau avec les hérétiques, ceux qui opoferoient à la doctrine de fa Compagnie la doctrine des SS.
Peres : " De jetter, *dit-il*, les Peres à
„ la tête (*b*), & de fe glorifier perpe-
„ tuellement des Peres … CELA SE RES-
„ SENT D'UN ORGUEIL hérétique : *fapit*
„ *hæreticam gloriationem.*

Quoi, Francolin, lorfque les plus
grands perfonnages & les plus diftingués
en fcience & en piété ; lorfque l'augufte Senat des Peres aura enfeigné de
concert une même doctrine, il faudra

D 3

se

(*a*) Voyez fon
Inftr. paft. p. 264.
ou le 1. Paral. p.
155.

(*b*) Patres fem-
per obtrudere &
folos Patres, fa-
pit hæreticam
gloriationem.
Ibid. ut fupra.
difp. 7. *p.* 173. &
174.

fe tenir en fufpens & attendre s'il plaira à votre Société d'agréer cette doctrine; en forte que le confentement univerfel des faints & favans hommes de tous les fiecles ne fera pour nous d'aucun poids, s'il plait à votre Compagnie de ne lui en donner aucun? Ce n'eft pas ainfi que Ciceron fe feroit conduit: il auroit fouverainement méprifé vos vifions, & il eut dit de la doctrine que vous condamnez dans votre Bulle, ce qu'il dit fur un fujet beaucoup moins important: " Ce qui me fait croire que " cette doctrine eft excellente (a), c'eft " ce merveilleux accord & cet admira- " ble concert de tant de Docteurs fi di- " ftingués & qui fe fuivent depuis tant " de fiécles (On voit par ces paroles " combien Ciceron étoit attentif à con- " fulter la Tradition.) Oui, ce con- " fentement d'opinions me paroît être " LA VOIX DE LA VERITE' MEME: *Veri-* " *tatis vox ipfa effe videtur.* Mais de parler ce langage, c'eft, felon les Jéfuites, *fe reffentir d'un orgueil hérétique.*

Vos privileges, mes peres, font bien grands, pour prétendre faire plier fous vous toute l'Antiquité, & vous affujetir tous les efprits; & cela non par *un orgueil hérétique,* mais par une humilité tout à fait catholique! c'eft fans doute par un effet de cette même humilité que dans *l'Image* que vous avez tracée de votre

(a) Maximum verò argumentum eft...id effe veriffimum, quod & tantus tot fæculorum, doctiffimorumque hominum confenfus, veritatis vox ipfa effe videtur. *Cicer. de Confol. p.* 634. *E.*

votre Societé, vous prêtez une voix forte à un Evêque mourant pour prononcer avec entousiasme ces paroles pleines de modestie : *O Sancta Societas,* „ O Sainte Societe', auguste Compagnie (*a*), tu es bien au dessus des „ Crosses, des Mitres & de la pourpre „ des Cardinaux! Tu surpasse aussi les „ Sceptres, les Empires & les Couron- „ nes ”! Que n'ajoutiez-vous encore par modestie : Tu es bien au dessus des Prophetes, puisque selon votre pere Francolin, vous êtes de beaucoup superieurs à Elie : vous êtes selon lui des hommes pleins de douceur, au lieu que ce Prophéte étoit un homme severe : Oui, dit-il, ” Elie étoit un homme ri- „ gide (*b*) inflexible ... & qui con- „ cevoit aisément des soupçons de ceux „ qui n'étoient pas rigides comme lui. J'avoue, mes peres, que si ce Prophete revenoit aujourd'hui dans le monde (& vous n'ignorez pas qu'il y reviendra (*c*)) il pourroit former contre vous quelque chose de plus que des soupçons. Il est vrai qu'en revanche vous pourriez le traitter comme votre pere Petau vouloit traitter (*d*) M. Arnauld : Vous m'entendez, ainsi je reviens à votre discours.

Elie étoit donc un homme *rigide & infléxible.* Or il faut remarquer que dans le stile de Francolin (*e*), qui dit

(*a*) O Sancta Societas, tu superas ac præcedis peda pastoralia, mitras, purpuras Cardinalitias, sceptra, imperia, & coronas. *Imago. primi Sæculi Societ. Jesu. l. 5. c. 10.* p. 667.

(*b*) Eliam unum ex omnibus antiquæ legis prophetis rigidum & inflexum ... Quia rigidiores qui sunt, facilè suspicantur malè de aliis minus rigidis. *Ibid. ut supra disp. 6. p. 139. & 140.*

(*c*) Mittam vobis Eliam prophetam ... ne fortè veniam & percutiam terram anathemate. *Malach. 4. 6.*

(*d*) Voyez le 1. Paral. p. 108.

(*e*) C'est la re-

rigide, dit une des plus grandes injures dont on puisse charger un Docteur. Car tout son ouvrage, qui est un dialogue entre un Docteur *rigide* & un Docteur *discret*, se termine à faire abjurer au Docteur rigide les rigueurs que le Docteur discret a en execration : *Rigores meos execror, tuaque sententia ... volens, libensque subscribo.*

Voilà une partie des injures & des duretés dont les livres des Jésuites & anciens & modernes, sont remplis contre la mémoire vénérable & sacrée des Prophetes, des Apôtres & des Peres de l'Eglise, & contre la pureté & la sainteté de leur doctrine, tant sur les matieres qui regardent le dogme, que sur celles qui regardent la morale. Voilà en même tems la preuve de ce que j'ai avancé au commencement de cet Ecrit, que ces peres nous en faisoient acroire lorsqu'ils nous débitoient avec autant d'assurance que de fierté, que leur *généalogie en doctrine* remontoit par les Peres, les Apôtres, & Jesus-Christ jusqu'à Dieu même. Concluons :

Vous n'avez donc point, mes peres, l'Antiquité pour vous ; & c'est nous qui l'avons, puisque de votre aveu nous ne faisons que *vous jetter les Peres à la tête*, & que nous nous *glorifions perpetuellement des Peres ;* puisque notre doctrine condamnée par votre Bulle, se

trou-

trouve dans les Peres ou *en termes pro-*
pres ou *en termes équivalens*, ainsi que
le reconnoît M. le Cardinal (*a*) de Biffy votre Défenseur & votre Apologiste:
Donc, mes peres, vous vous étiez apro-
priés nos titres, en vous disant les Difciples des Cypriens, des Grégoires, des
Basiles & des Augustins : Donc vous
n'étiez que des Esaü cachés sous les dehors de Jacob : Donc c'est à nous à
vous demander : „ Qui êtes-vous ?
„ Quels font vos peres, & quels font
„ les nôtres dans la doctrine que nous
„ professons ? Les vôtres font les vé-
„ nérables Molina, Suarez, Lessius,
„ auxquels il faut joindre les Escobars,
„ les Bauni, les Sanchez : telle est vo-
„ tre généalogie en doctrine, qui vous
„ met infiniment au dessous des payens.
„ Pour nous, nos peres font les Pro-
„ phetes, les Apôtres, & tous les Saints
„ Docteurs qui les ont suivis : telle
„ est notre généalogie en doctrine, qui
„ nous rend apostoliques, & qui nous
„ donne droit d'apeller Dieu *notre Pere,*
„ l'Eglise *notre Mere*, & Jesus-Christ
„ *notre Chef.*

Un mot, mes peres, avant que de
finir.

En vertu de quoi vous êtes-vous attri-
bués le droit d'abolir l'ancienne doctrine, & sur ses débris d'en ériger une
nouvelle ? Belle question ! n'avez-vous

(*a*) Instr. past.
p. 264.

jamais lû Poza? Pardonnez moi, je sai que cet Ecrivain de votre Compagnie a rempli un livre entier des fictions de son esprit, & que dans la préface il fait un grand éloge de la nouveauté afin de la rendre recommandable & de lui attirer la préférence sur *l'antiquité que l'on ne peut* selon votre pere Celot, *regarder sans* (a) *danger.* Eh bien n'avez-vous pas fait attention à ces paroles du Concile de Constantinople que cite notre pere Poza : " BIEN-HEUREUX CE " LUI QUI AVANCE UNE PAROLE INOUIE, " c'est à dire NOUVELLE : *Beatus qui profert verbum inauditum, id est novum?* Oui vraiment, j'ai remarqué qu'il fait dire à ce Concile ce qu'il n'a jamais pensé, car voici ses paroles : *Beatus qui profert verbum* (b) *in auditum obedientium,* ce qui veut dire, " Heureux ce- " lui qui parle à des esprits dociles, *& " non pas :* Heureux celui qui avance " une parole inouie, c'est à dire nou- " velle. Vous sentez la difference de ces deux versions, & vous voyez comment votre pere Poza avoit tronqué & mutilé ce passage. Mais voici quelque chose de plus naturel de votre pere Escobar, & qui vous fera moins rougir. " Ce que cherchent, dit il, pour l'or- " dinaire (c) les amateurs de la nou- " veauté, C'EST L'ESTIME ET LA LOU- ANGE DU MONDE : *Aliorum laudem comparare.*

(a) *Antiquitatem sine periculo respectari non posse.* Celot. Lib. 5. cap. 10. p. 241.

(b) Syn. Const. art. 1.

(a) Escob. tr. 2. Exam. 2. n. 10.

parare. Voilà ce qui s'apelle parler, car tout le monde comprend par ces paroles, que ce qui vous a fait rejetter l'Antiquité pour embraſſer la nouveauté, c'eſt le deſir de plaire & de vous procurer l'eſtime & les louanges du monde.

Mais dites-moi : comment faites-vous quand certaines opinions ne ſont plus d'uſage ? Nous EN INTRODUISONS DE NOUVELLES. J'entends : vous faites comme les inventeurs des nouvelles modes ? Nous faiſons tout de même, parce que ſelon notre pere Eſcobar, il n'y a pas plus de mal à l'un qu'à l'autre : „ INTRODUIRE, dit-il (a), DE NOUVEL- „ LES SORTES D'OPINIONS ET DE NOU- „ VELLES SORTES D'HABITS , n'eſt que „ péché veniel.

Le beau champ, mes peres, que vous a ouvert Eſcobar, & que vous l'avez bien cultivé non obſtant les péchés veniels ! Le beau parallele, & qu'il eſt juſte & naturel, de vos opinions nouvelles avec les nouvelles modes ! Le bel aſſortiment (qu'on me pardonne le mot) des panniers des femmes avec vos nouveautés ? Les uns ont été inventés pour irriter les paſſions, & vous avez inventé les autres pour apprendre à les ſatisfaire ; les uns ſont le voile & le manteau du crime, & les autres le protegent ou plutôt le ſanctifient : l'un &

l'au-

(a) *Novas opiniones, novas veſtes exponere, venialis tantum culpa eſt.* Eſcob. Ibid. p. 291.

l'autre eſt, à proprement parler, le tombeau de la pudeur.

O Dieu! qu'eſt-ce donc que la Société, ſi elle n'eſt pas la Compagnie de prêtres qui, ſelon S. Grégoire Pape, doit former l'armée de l'Antechriſt, ou du moins *lui préparer la voie* ſelon la remarque du pere Henriquez lui-même, * Jéſuite Profeſſeur de Salamanque?

Cependant, Seigneur, comme je ne connois pas à fond le plan de vos deſſeins, & qu'il ſe pourroit faire contre toute apparence que vous auriez des vûes de miſéricorde ſur cette Compagnie, je vous prie de vous hâter de lui ouvrir les yeux. Et comme tout inſtru-

---

* Il a dit cela à l'ocaſion du livre de Molina. ,, Ce livre, *dit il dans une premiere cenſure qu'il* ,, *en fit en 1594.,* prépare la voye à l'Antechriſt ,, par l'affectation avec laquelle il releve les for- ,, ces naturelles du libre arbitre contre les meri- ,, tes de Jeſus-Chriſt, le ſecours de la grace, & ,, la prédeſtination. *Et dans une autre cenſure* ,, *qu'il dreſſa trois ans après*: Si une telle doctri- ,, ne, *dit il, parlant encore de la doctrine de Molina,* ,, vient à être ſoutenue PAR DES HOMMES ADROITS ,, ET PUISSANS qui ſoient membres de quelque ,, Ordre Religieux, elle mettra toute l'Egliſe ,, en peril, & cauſera la perte d'un grand nom- ,, bre de Catoliques (Pouvoit-on mieux prédire ,, les maux que la Bulle à cauſés en érigeant le mo- ,, liniſme en dogme.) Ces deux cenſures ſe trou- ,, vent dans l'hiſtoire des Congregations *de auxi-* ,, *liis.* l. 1.

ſtrument eſt propre à cet effet lorſqu'il vous plaît d'en faire uſage, daignez-vous ſervir des paroles d'un payen que je vais raporter, pour abatre l'eſprit d'orgueil & d'indépendence qui regne chez les Jéſuites, & pour leur apprendre en même tems juſqu'où doit aller le reſpect & l'obéiſſance qui eſt due aux anciens en qualité de premiers docteurs & de premiers dépoſitaires des ſaintes verités.

„ Reſpectez, dit Seneque, la ver-
„ tu (*a*) comme Dieu même, & HO-
„ NOREZ ceux qui l'enſeignent comme
„ ſes prêtres & ſes miniſtres. Oui,
„ dit il ailleurs, on doit regarder ces
„ Docteurs COMME DES DIEUX : *tu*
„ *deorum colendi*. Pourquoi (*b*) ne
„ garderions-nous pas les portraits de
„ ces grands hommes, & n'honore-
„ rions-nous pas le jour de leur naiſſan-
„ ce, afin de nous exciter à la vertu?
„ Ne les nommons jamais ſans quelque
„ éloge: car le reſpect que nous de-
„ vons a nos précepteurs, nous le de-
„ vons auſſi A CES PRECEPTEURS DU
„ GEN-

(*a*) Et ipſam (virtutem) ut Deos, & profeſſores ejus ut antitiſtes colite. *Senec. de vitâ beatâ. cap. 26. in fine.*

(*b*) Quidni ego magnorum virorum & imagines habeam incitamenta animi, & natales celebrem? Quidni illos honoris cauſa ſemper apellem? Quam venerationem præceptoribus meis debeo, eandem il-

lis præceptoribus generis humani, à quibus tanti boni initia fluxerunt.

Si Conſulem videro aut Prætorem, omnia quibus honor haberi ſolet, faciam: equo deſiliam, caput adaperiam, ſemita cedam. Quid ergò? Marcum, Catonem utrumque, & Lælium ſapientem, & Socratem cum Platone, & Zenonem, Cleantemque in animum meum ſine dignatione ſumma recipiam? Ego verò illos veneror, & tantis nominibus ſemper aſſurgo. *Senec. Epiſt. 64. in fine.*

,, GENRE HUMAIN, qui nous ont dé-
,, couvert les sources de tant de biens?
,, Quoi, si nous rencontrons un Pré-
,, teur, un Consul, nous lui rendons
,, toutes les marques d'honneur, nous
,, descendons de cheval, NOUS NOUS DE-
,, COUVRONS, nous nous retirons du
,, chemin? Et quand les deux Catons,
,, le sage Lélie, Socrate, Platon, Ze-
,, non & Cléante se présenteront à nos
,, esprits, les recevrons-nous sans leur
,, rendre quelque vénération particu-
,, liere? Pour moi je les revere extré-
,, mement: *Ego vero illos veneror*, & je
,, n'entends point citer les noms de ces
,, grands personnages, que je ne me
,, leve toujours par respect; *Et tantis no-*
,, *minibus semper assurgo* (Il n'auroit pas
dit froidement: laissez passer Augustin;
Transeat Augustinus.)

Telle est la leçon que ce payen fait
aux Jésuites pour leur apprendre d'a-
bord les devoirs de la civilité & de la
bienséance envers les Peres de l'Eglise, quand ils en parlent ou qu'ils en entendent parler. Ecoutons-le maintenant
leur apprendre les merveilleux avantages que l'on retire de la lecture de leurs
écrits, auxquels il oppose les livrets de
certains Ecrivains, ,, qui sont remplis,
,, dit il, d'une multitude de FAUSSE-
,, TEZ (4) ou de MENSONGES: *Qua aut*
,, *ficta sunt, aut mendacii similia.* Car
,, quoi-

(4) Alia deinceps innumerabilia quæ aut ficta sunt, aut mendacii similia. Nam ut concedas omnia eos fide bonâ dicere, ut ad præstationem scribant: tamen cujus ista errores minuent?

„ quoiqu'on nous les débite comme si
„ c'étoit des verités, & que ceux qui
„ les écrivent nous en veuillent garan-
„ tir, dites-moi je vous prie, quel bien
„ elles nous procurent? Nous délivrent-
„ elles de l'erreur? Nous aprennent-
„ elles à domter nos passions? Nous
„ rendent-elles plus courageux, plus
„ gens de bien, plus liberaux, plus dé-
„ sinteressés? Non certes. Aussi no-
„ tre cher Fabianus demandoit-il s'il
„ n'étoit pas plus avantageux de n'em-
„ brasser aucune étude, que de s'em-
„ barrasser dans celles-là.

Remarquez néanmoins que Seneque
n'a point ici en vue des *dogmes erronés*
ni *une morale corrompue*. Si cela avoit
été, il se fut exprimé d'une maniere
bien differente & qui eût inspiré non du
mepris mais de l'horreur (a). Il ne parle en cet endroit qui „ de certaines étu-
„ des qu'il apelle inutiles: *litterarum*
„ *inutilium*, comme de rechercher com-
„ bien Ulysse (b) avoit de rameurs; si
„ l'Iliade a été écrite avant l'Odyssée;
„ si ces deux ouvrages sont de même
„ Auteur, & beaucoup d'autres choses
„ de cette nature, qui ne vous servi-
„ ront de rien si vous les gardez dans
„ votre esprit, & qui ne vous feront
„ pas paroître plus savant, mais seule-
„ ment plus importun si vous venez à
„ les produire: *Quæ sive proferas, non*
doctior

cujus cupiditate
prement? Quem
fortiorem, que
justiorem, que
liberaliorem fa
cient? Dubitare
se interim Fabia-
nus noster aiebat
an satius esset nul-
lis studiis admo-
veri quam his
implicari. *Senec.*
de Brevit. vita.
cap. 14.

(a) Voyez en-
tre autres ce que
nous avons cité
de lui dans le 1.
Paral. ch. 10. §.
7. p. 204.
(b) Quærere
quem numerum
remigum Ulisses
habuisset: prior
scripta esset Ilias
an Odyssea? Præ-
terea an ejusdem
esset autoris? A-
lia deinceps hu-
jus notæ, quæ
sive contineas,
nihil tacitam
conscientiam ju-

[64]

vant; five profe-
ras, non doctior
videberis fed mo-
...or. *Senec.*
...*cap.* 13.

(a) Soli omnium
otiosi sunt, qui
sapientiæ vacant;
nec enim suam
tantum ætatem
bene tuentur,
omne ævum suo
adjiciunt. Quid-
quid annorum
ante illos actum
est, illis acquisi-
tum est. Nisi
ingratissimi su-
mus, illi clarissi-
mi sacrarum opi-
nionum condito-
res nobis nati
sunt, nobis vi-
tam præparave-
runt. *Senec. Ibid.
cap.* 14.

doctior videberis, sed molestior. (Que de mauvais favans font ici désignés.)

Quels font donc ceux qui font de bonnes études, & qui ne perdent point leur tems? " Ceux, dit ce payen, qui
" s'apliquent à l'étude (a) de la fageffe:
" ce font ceux-là qui jouiffent d'un vrai
" repos & d'une fainte oifiveté : *Soli*
" *omnium otiosi sunt qui sapientia vacant.*
" (On croit entendre *l'otium sanctum*
" de S. Augustin.) Ce font eux qui fa-
" vent feuls jouir de la vie : *soli vi-*
" *vunt* ; & ils ne jouiffent pas feule-
" ment du préfent, mais même du
" paffé, puifqu'ils réuniffent les fiécles
" les plus reculés à celui dans lequel
" ils vivent : *Omne ævum suo adjiciunt.*
" Tout le tems qui s'eft écoulé devant
" eux, eft un bien qui leur eft offert &
" qu'il ne dépend que d'eux d'acque-
" rir. Au fond fi nous fommes re-
" connoiffans, nous avouerons que c'eft
" pour nous que font nés (*Nobis nati*
" *funt*) CES ILLUSTRES AUTEURS qui
" nous ont enfeigné les faintes verités :
" *Illi clarissimi sacrarum opinionum con-*
" *ditores*, & que c'eft d'eux que nous
" avons apris à bien vivre : *Nobis vitam*
" *præparaverunt.*
Seneque opofe enfuite le bon acueil
de ces grands hommes à ceux qui les
vont confulter, aux manieres hautes,
dures & inhumaines des Grands-Sei-
gneurs

gneurs „ devant les portes desquels,
„ dit-il (a), on se promene long-tems
„ avant que d'en trouver d'ouvertes, le
„ sommeil, la débauche, ou l'inhuma-
„ nité les tenant toutes fermées ; ou
„ bien si vous en trouvez d'ouvertes,
„ il arrivera que quand la sale ou la
„ cour sera remplie de gens qui atten-
„ dent, Monsieur passera par un autre
„ endroit & s'enfuira par une porte de
„ derriere, comme si il y avoit moins
„ d'inhumanité à tromper ces pauvres
„ gens, qu'à les faire congédier. En-
„ fin s'il y en a qui donnent audience,
„ comme ils ne sont pas encore remis
„ de la débauche du jour précédent, ils
„ ne répondent qu'en bâillant & avec
„ une nonchalance superbe, à des mise-
„ rables qui ont fait dire mille fois leur
„ nom, & qui se privent du sommeil
„ pour attendre le reveil d'un autre.

„ Ce n'est pas ainsi qu'en agissent les
„ Zenons (b), les Pytagores, & les au-
„ tres

E

(a) Cum omnium limina quotidie perambulaverint, nec ullas apertas fores præterierint: Quam multi erunt quorum illos aut somnus aut luxuria, aut inhumanitas submoveat? Quam multi per refertum clientibus atrium prodire vitabunt & per obscuros ædium aditus profugient: quasi non inhumanius sit decipere quam excludere? Quam multi hesterna crapula semisomnes & graves, illis miseris somnum suum rumpentibus ut alienum expectent, vix allevatis labiis insusurratum millies nomen, oscitatione superbissima reddent? *Senec. Ibid. cap.* 14.

(b) Zenonem, Pythagoram ... ceterosque antistites bonarum artium ... Nemo horum non vacabit; nemo non venientem ad se, beatiorem amantioremque sui dimittet; nemo quemquam vacuis à se manibus abire patietur. Nocte conveniri & interdiu ab omnibus mortalibus possunt. Horum te mori nemo coget: omnes docebunt. Horum nemo annos tuos conteret, suos tibi contribuet. Nullius ex his sermo periculosus erit. Nullius amicitia capitalis, nullius sumptuosa observatio. Feres ex his quidquid voles. Per illos non stabit quominus quantum plurimum ceperis, haurias. *Senec. Ibid. cap.* 14.

» tres maîtres des disciplines salutaires.
» Ils sont prêts en tout tems & à toute
» heure à vous donner audience. Non
» seulement ils vous contentent, mais
» ils vous renvoyent plus riche & plus
» heureux que vous n'étiez venu. Au-
» cun ne souffre que vous vous en re-
» tourniez les mains vuides, & tous
» vous font naître le desir de revenir :
» Allez y à telle heure que vous vou-
» drez, leurs portes sont ouvertes la
» nuit comme le jour. Il n'y en a pas
» un qui soit capable d'attenter à votre
» vie ; mais tous vous apprendront
» qu'il faut mourir. Loin de vous fai-
» re perdre le tems, chacun vous donne
» du sien. Leurs discours ne sont point
» pernicieux, leur amitié n'est point
» dangereuse, leur protection ne coûte
» point de présents. En un mot on
» obtient de ces grands hommes tout
» ce qu'on leur demande ; & il ne tient
» pas à eux qu'après avoir beaucoup
» puisé, vous ne puisiez encore d'a-
» vantage.

» O qu'heureuse sera la vieillesse (a)
» de celui qui les aura pris pour ses
» guides & pour ses protecteurs ! Quel-
» le sera tranquille, quelle sera glorieu-
» se ! Il aura des Conseillers avec les-
» quels il pourra délibérer des plus
» grandes comme des plus petites cho-
» ses ; il pourra tous les jours & à tou-
» tes

(a) Quæ illum felicitas : quam pulchra senectus manet, qui se in horum clientelam contulit ! Habebit cum quibus de minimis maximisque rebus deliberet,

,, tes les heures les apeller à son Con-
,, seil ; & il trouvera dans leurs person-
,, nes des gens qui lui diront la verité
,, sans l'offenser, qui le loueront sans
,, le flater, & sur l'exemple desquels
,, il pourra former toute sa vie. En-
,, FIN CES GRANDS HOMMES LUI OU-
,, VRIRONT LE CHEMIN DE L'ETER-
,, NITE', ET ILS L'ELEVRONT EN UN
,, LIEU D'OU PERSONNE NE POURRA
,, LE FAIRE TOMBER : *Hi tibi dabunt
ad æternitatem iter ; & te in illum locum,
ex quo nemo ejiciet, sublevabunt.*

> quos de se quo-
> tidie consulat,
> à quibus audiat
> verum sine con-
> tumelia, laude-
> tur sine adulatio-
> ne; ad quorum
> se similitudinem
> effingat ... Hi
> tibi dabunt, &c.
> *Senec. Ibid. cap.*
> 15.
>
> Sap. 9. 6.

Telle est la seconde leçon que Seneque fait aux Jésuites, pour leur apprendre à aller puiser la sagesse, c'est
à dire la vérité & la saine morale dans
les écrits des Peres. Car tout son discours convient beaucoup mieux aux
Saints Docteurs, que non pas à des
Philosophes, qui, quoique grands &
distingués, sont toujours des profânes
& des hommes reprouvés de Dieu :
*Nam & si quis erit consummatus inter
filios hominum ; si ab illo abfuerit sapientia tua, in nihilum computabitur.*

Plan d'un parallele nouveau.

L'Idée d'un nouveau parallele se présente à mon esprit. C'est celui de la
condamnation du Livre de Jansenius,
avec le livre des Reflexions morales,

& l'Inftruction paftorale de M. de Senez. Ces trois condamnations rapro-
chées & comparées enfemble, porte-
roient à mon avis à l'affemblée d'Embrun,
à la Bulle, au Formulaire, & par conféquent aux Jéfuites, un coup d'autant
plus fâcheux, que de l'aveu de ces peres ces trois condamnations font liées
enfemble, & font une fuite néceffaire,
la troifiéme de la feconde, & la feconde de la premiere.

Dans l'execution de cet ouvrage nullement difficile, le fuccès eft affuré.
La raifon, c'eft que ce font des faits
dont les plus reculés, font ceux qui con-
ftatent l'injuftice de la condamnation
de M. d'Ypre : injuftice fi criante que
malgré fon évidence, nous aurions peine à la croire, fi nous n'avions été te-
moins de celle que l'on a faite au P.
Quefnel & à M. l'Evêque de Senez.

Voici les principaux faits que je vou-
drois que l'on touchât par raport à M.
d'Ypre. (C'eft d'après l'Auteur de la de-
fenfe des Théologiens (*a*) que je vais
parler.)

Montrer, 1. que quand l'*Auguftin*
de cet Evêque parut, on n'avoit point
encore vu de Livre fi univerfellement
applaudi. Cela fe prouveroit par des
extraits de ce prodigieux nombre d'approbations qu'on en fit : approbations
des Docteurs de Paris, de Louvain,

de

(*a*) Voyez de-
puis la p. 225.
jufqu'à la p. 267.
Tout y eft cité,
prouvé, conftaté.

de Douai, de Cologne, d'Abbés céle-
bres, de Doyens d'Eglises Cathédra-
les, de differens Pasteurs du Clergé des
Pais-bas, du Superieur de l'Oratoire de
Flandres, d'anciens Professeurs en Théologie de divers Ordres, comme de S.
Benoît, de Prémontré, de S. Augustin, des Cordeliers, des Capucins,
des Carmes déchaus, des Minimes, &c.
toutes bouches qui déclarent en differentes manieres, que ce Livre (*plein
d'un venin dangereux*, selon quelques
Inquisiteurs de Rome) est " un ou-
„ vrage plein de science & d'une do-
„ ctrine très pure & tres Catholique, un
„ ouvrage parfait & achevé que Dieu
„ avoit fait paroître pour la consolation
„ des fideles & le bien de son Eglise.

Montrer, 2. ou plutôt avertir ceux
qui l'ignorent, que ce qui a porté les
Jésuites à faire anathématiser ce livre,
ç'a été d'y voir la doctrine de leurs peres Molina, Suarez, Vasquez, Lessius
& autres écrivains de leur Compagnie,
combattue, refutée & mise en poudre
par les raisonnemens & l'autorité de S.
Augustin, & de trouver à la fin de ce
même livre un parallele parfait de leurs
sentimens sur tous les points de la grace & de la prédestination, avec les sentimens des Semi-pélagiens condamnés
par l'Eglise.

Montrer, 3. que ces peres, selon leur
 ma-

maniere acoutumée, mandierent d'abord
à Rome un Décret de l'Inquisition ;
qu'aprés ce Décret ils obtinrent une
Bulle d'Urbain VIII., dans laquelle ils
firent ufage de la fcience qu'ils ont mon-
trée dans le dernier Concile Romain,
je veux dire, de faire des additions au
texte, ayant inferé dans cette Bulle le
nom de Janfenius contre l'intention ex-
preffe du Pape, qui ne vouloit autre
chofe que confirmer les Bulles de Pie
V. & de Grégoire XIII. contre la doctrine de Baïus, comme il le déclara
lui même aux Députés de Louvain.

Montrer, 4. que la Bulle d'Urbain
VIII., quoiqu'elle ne fut qu'un Decret
provifionel ; quoiqu'elle fut outre cela
fubreptice, le nom de Janfenius y ayant
été inferé contre la volonté de ce Pape,
attira neanmoins fur M. d'Ypre toute
la haine que les Jéfuites fouhaitoient,
puifque fon livre fut dès lors regardé
comme flétri, & qu'on refufa d'entendre ceux qui vouloient en prendre la
défenfe.

Montrer, 5. l'origine des cinq Propofitions, c'eft à dire, que ce fut un
Exjéfuite fort lié avec la Société, qui
en fut le pere naturel ou dumoins le
pere adoptif ; que cet homme qui s'ap-
pelloit M. CORNET, quand il propofa
la première fois ces propofitions en Sor-
bonne, non feulement n'ofa pas dire
qu'el-

qu'elles fuſſent de Janſenius, mais aſ-
ſura poſitivement qu'il n'en étoit pas
queſtion : *Non agitur de Janſenio, Domine mi*, répondit-il à un Docteur qui
lui dit qu'on en vouloit à ce Prélat.

Montrer, 6. qu'après M. Cornet, le
fameux M. Habert Théologal de Paris, & depuis pour ſes dignes faits, élevé à l'Evêché de Vabres, entreprit
dans ſes Sermons de noircir M. d'Ypre,
& cela pour faire ſa cour au Cardinal
de Richelieu indigné contre ce Prélat à
cauſe de ſon Ecrit intitulé, *Mars Gal-
licus.*

Montrer, 7. que ce M. Habert in-
time ami des Jéſuites, fut l'auteur de
la Lettre ſignée par pluſieurs Evêques
de France au Pape Innocent X. Suc-
ceſſeur d'Urbain VIII., pour lui demander la condamnation des cinq pro-
poſitions ; qu'il profita du tems que le
Clergé étoit aſſemblé à Paris, pour ex-
torquer cette ſignature d'une maniere
ſecrete & clandeſtine : faire voir que
ces Prélats aviliſſoient l'Epiſcopat &
même le détruiſoient, puiſqu'ils ſe dépouilloient d'un droit inſéparable de
leur ſacré caractere, qui conſiſte à examiner, à décider, & à juger en premiere inſtance les cauſes majeures qui
regardent la foi & la diſcipline ; qu'ils
autoriſoient dans leur lettre, au grand
ſcandale de l'Egliſe, la Bulle d'Ur-

                          bain

bain **VIII.** injurieuse à la dignité Epif-
copale, puifqu'elle défend à toutes fortes de perfonnes, *même Evêques, Ar-
chevêques & Patriarches, fous peine d'excommunication, & même fous des peines
corporelles*, de publier aucun livre qui
traitât de la Grace, même indirecte-
ment ; montrer enfuite que les autres
Evêques de l'Affemblée fe plaignirent au
Nonce, & lui déclarerent que ce n'é-
toit pas le Clergé de France qui avoit
figné la Lettre, mais quelques Prélats
qui avoient agi fecretement, ajoutant
que c'étoit une chofe inouïe d'écrire au
Pape fur des affaires qui regardent toute
l'Eglife & en particulier celle de France, fans en parler à l'Affemblée ; faire
voir enfin que ces mêmes Evêques écri-
virent au Pape pour l'avertir que " les
„ propofitions ayant été faites à plaifir
„ & compofées en des termes ambigus,
„ elles ne pouvoient produire que des
„ difputes pleines de chaleur par la di-
„ verfité des interprétations qu'on peut
„ leur donner.

Montrer, 8. quel fut le Député qu'on
envoya à Rome porter les cinq propofitions & en demander la condamnation
à Innocent X., que ce fut un Cordelier nommé le pere MULARD coufin de
M. Hallier Syndic de la Faculté ; que
ce Cordelier avoit été fort long-tems
Capucin, après quoi il apoftafia & vint

à

à Montpellier où il épousa une femme huguenote, & où il exerça la profession de Medecin; que ce fut le P. Paulin Confesseur du Roi & M. Hallier qui députerent cet honnête homme; qu'il aborda le Pape sous le nom d'Envoyé du Roi, de Député de l'Eglise Galli-canne & de la Faculté de Théologie de Paris; & qu'il lui dit entre autres choses pour le presser de condamner Janfenius, que les Janfeniftes faifoient un corps de fecte, & de " fecte qui
" avoit levé l'étendart contre la dignité
" & l'autorité du Souverain Pontife.

Montrer, 9. que le Pape Innocent X. avoit déja pris parti contre M. d'Y-pre, ayant eu part à la Bulle d'Urbain VIII., qu'il étoit aigri contre les défen-feurs de ce Prélat à caufe de la réfiftan-ce qu'ils avoient faite à cette Bulle; qu'il étoit en particulier fort prévenu contre les Théologiens de France at-tachés à Janfenius, les regardant com-me les ennemis de l'Infaillibilité & des autres prétentions de la Cour Romaine; que les Jéfuites dont ce Pontife ne fe défioit point, fomentoient & nourif-foient fa haine contre les Janfeniftes par mille contes faits à plaifir, & dont ils le rebatoient fans cefle; qu'outre la pré-vention générale des Papes en faveur de l'Infaillibilité, Innocent X. étoit per-fuadé en particulier, comme il le dé-

 clara

clara aux Théologiens députés à Rome, que l'inspiration du S. Esprit ne pouvoit lui manquer dans les décisions qu'il feroit, sans consulter l'Ecriture ni la Tradition ; sur quoi un de ces Théologiens lui ayant réprésenté que l'assistance du S. Esprit ne dispensoit pas même les Conciles Ecumeniques de prendre tous les moyens raisonnables pour s'instruire de la vérité, le Pape lui répliqua qu'il ne parloit pas bien, & que cette opinion n'étoit pas bonne : *Non dite questo, questa opinione non e buona.*

Montrer, 10. qu'un tel Pape si prévenu en sa faveur & contre M. d'Ypre & ses défenseurs , étoit au moins un juge bien suspect ; faire voir qu'outre cela il n'examina point par lui-même le livre de ce Prélat, & ne le fit point examiner, comme cela se devoit, par des Theologiens habiles exacts & desinteressés ; montrer qu'il ne pouvoit examiner par lui-même un si gros livre, si rempli de science, étant chargé de bien d'autres occupations, & d'ailleurs n'ayant pas les lumieres necessaires pour faire un tel examen : " Je ne suis point " versé dans l'étude de la Théologie, " disoit-il un jour à M. de S. Amour, " & depuis à M. l'Evêque de Lodêve : " *Non ho mai studiato in Theologia.*

Montrer, 11. par les propres suffra-

ges

ges ou *vota* des Confulteurs, que le Pape leur avoit uniquement ordonné d'examiner fi ces propofitions étoient Catholiques ou hérétiques, & non pas fi elles étoient ou non dans le livre de Janfenius ; que parmi ces Confulteurs il y en avoit qui n'avoient pas même le fens commun, comme le P. Campanella qui difoit de la premiere propofition , qu'elle étoit „ compofée de deux parties contradi- „ ctoires, & que felon l'une & l'autre „ partie elle étoit hérétique ”, c'eft à dire, que le oui & le non en font également hérétiques ; que parmi ces Confulteurs étoit le Jéfuite Palavicin , & furtout Albizzi Affeffeur de S. Office, plus ennemi des difciples de S. Auguftin que les Jéfuites mêmes , & qui donnoit le plus grand branle à cette affaire ; qu'enfin ces Confulteurs condamnerent M. d'Ypre, non fur des textes tirés de fon livre, mais fur des extraits & des fommaires faits & fournis par les Jéfuites.

Montrer , 12. que le Pape ne voulut jamais accorder aucune conférence contradictoire aux Théologiens Auguftiniens, quelques inftances qu'ils lui en fiffent , & quelques follicitations que plufieurs Evêques de France lui en euffent fait par des lettres expreffes ; qu'on leur refufa avec la même opiniâtreté la communication des Ecrits de leurs adverfes parties ; qu'Innocent X. refufa

dix-

dix-fept fois d'écouter les Dominicains de Rome, qui lui demanderent autant de fois à parler fur l'affaire de M. d'Ypre; que ce Pontife non feulement ne voulut pas que les Difciples de S. Auguftin fuffent écoutés en préfence de leurs adverfaires fur le fait de Janfenius, mais qu'il leur défendit même expreffément d'en parler en aucune maniere : *Non voglio che fia fatta mentione di Janfenio in niffuna maniera :* Ce font les termes dont il fe fervit dans la feule audience publique où ils auroient pû parler fur les cinq propofitions, & qui ne leur fut accordée que lorfque la Bulle étoit deja dreffée : *Conceptâ jam definitione,* dit le P. Annat lui même dans fes *Cavilli* (p. 37.)

Voilà les principaux faits qui me femblent devoir être remarqués touchant ce qui fe paffa à Rome au fujet du livre de M. d'Ypre. Voici ceux qui regardent ce qui fe paffa en France après que la Bulle fut venue, & qu'il fera bon de mettre comme les précédens dans une jufte étendue.

Marquer, 1. que le jugement le plus confiderable qui ait été rendu par le Clergé de France fur le fait de Janfenius, eft celui de l'Affemblée qui fe tint au Louvre en 1654., que les Commiffaires députés par l'Affemblée pour juger fi Janfenius avoit effectivement enfeienseigné les cinq propofitions, avoient tous été choifis par le Cardinal Mazarin Préfident de cette Affemblée; que ce Cardinal premier Miniftre, avoit fait connoître que fon inclination étoit que Janfenius fut condamné; qu'il en ufa ainfi pour adoucir. Innocent X. extrémement irrité contre lui à caufe de l'emprifonnement du Cardinal de Rets.

Marquer, 2. que l'Ambaffadeur de France à Rome ayant mandé qu'on ne pouvoit rien faire qui fut plus agréable au Pape, que de recevoir fa Bulle fans reftriction, le Cardinal Miniftre en fit fon affaire capitale; que c'eft ce Cardinal lui-même qui nous l'apprend par fes lettres, en difant *qu'il prit foin d'affifter aux affemblées des Evêques qui fe tinrent fur ce fujet* (de Janfenius;) *qu'il ménagea la chofe avec adreffe & avec un foin tout extraordinaire*, fans quoi il fe fut trouvé *des obftacles qui euffent empêché le pape de dormir plus d'une nuit: qu'il n'auroit eu qu'à laiffer aller les chofes dans le courant, pour voir tailler en peu d'heures bien de la befogne à Sa Sainteté*; ainfi mandoit-il à l'Ambaffadeur, *Faites valoir hautement au Pape l'importance du fervice que je lui ai rendu en cette occafion.*

Marquer, 3. que quoique MM. les Commiffaires euffent dit avoir vérifié les cinq propofitions fur le livre de Janfenius, senius, & qu'ils eussent, disoient-ils encore, produit à l'Assemblée des passages qui *montroient que lesdites propositions y étoient clairement couchées*, cependant ils ne citerent aucun de ces passages dans leur lettre circulaire aux Evêques des provinces : ce qui étoit pourtant l'essentiel de cette affaire, puisqu'il s'agissoit uniquement de savoir si les propositions étoient effectivement dans Jansenius, & non pas si le Pape & les Evêques avoient dit qu'elles y étoient. A ce sujet je ne puis m'empêcher de raporter ce que dit M. Nicole dans son traité de la *Foi humaine* : Si c'est bien raisonner, que de dire, le Cardinal Mazarin *pour faire sa paix avec Innocent X.*, a voulu que Jansenius fut condamné, donc les cinq propositions sont dans son livre, c'est très bien conclure que de dire : L'Assemblée du Louvre a dit que les cinq propositions étoient dans ce même livre, donc elles y sont.

Marquer, 4. que la Bulle d'Alexandre VII., quelque expresse qu'elle soit, n'ajoute rien à la Constitution d'Innocent X., laissant le fait de Jansenius dans la même incertitude où il étoit auparavant ; observer qu'à la verité ce Pontife dit que cette cause avoit été discutée sous le Pontificat d'Innocent X. avec *tout le soin* (a) *imaginable* ; mais observer en même tems que c'eût été

un

(a) Ea causa discussa est ea profecto diligentia, qua major desiderari nequit.

un soin bien mieux imaginé, de choisir pour l'examen de la cause de Jansenius, des Consulteurs plus sensés, plus habiles, & moins attachés aux Jésuites que l'étoient la plupart de ceux qui furent choisis ; d'examiner contradictoirement le livre de cet Evêque, comme les Jésuites demanderent qu'on examinât celui de Molina dans les Congrégations *de Auxiliis* ; si on refusoit une conference reglée, donner au-moins aux Théologiens Augustiniens la communication des écrits de leurs adverses parties afin qu'ils pussent répondre à leurs difficultés ; écouter les Dominicains qui avoient demandé dix-sept fois audience sans l'obtenir une seule ; observer enfin que c'eut été *un soin mieux imaginé*, si Innocent X. avóit fait examiner le livre de M. d'Ypre par tous les Cardinaux, & si sa Constitution eût été faite *de consensu Cardinalium*, comme les Papes l'ont pratiqué long-tems, depuis même qu'ils se sont affranchis de l'ordre ancien & canonique, qui étoit de ne juger les causes importantes que dans un Synode des Evêques d'Italie : *Olim una cum Synodorum tractatu negotia universalis Ecclesiæ procurabant summi Pontifices*, dit M. de Marca (*a*).

Marquer, 4. que si Alexandre VII. déclare qu'on a apporté sous le Pontificat d'Innocent X. le plus grand soin qu'on

(*a*) De Concord. l. 1. c. 6. Bellarmin dit la même chose. *Non debet pontifex in controversiis fidei*

Judicandis, aut soli judicio fidere, aut expectare divinam revelationem, sed adhibere humanam diligentiam quantum res tanta postulat, & tunc demum expectare assistentiam divinam. Porro medium ordinarium, ac proinde necessarium esse Concilium magnum aut parvum, unam aut plura, prout ipsi judicarent, facilè probari potest. tom. 1. de Conc. l. 1.

qu'on pouvoit apporter, il ne dit pas qu'on ait lu & examiné le livre de Jansenius, & qu'on y ait cherché & trouvé les propositions qu'il déclare en être extraites : *Ex libro Cornelii Jansenii excerptas.* Au fond comment auroit-on cherché & trouvé dans ce livre ce qui avoit été fabriqué chez les Jésuites & chez M. Cornet.

Marquer, 5. qu'il est démontré par les temoignages du Commissaire du S. Office & du P. Wading qui étoient du nombre des Consulteurs, qu'il ne se fit aucun examen juridique du livre de M. d'Ypre, puisqu'ils déclarent qu'on leur avoit présenté les propositions *in abstracto, & ut prescindunt ab omni proferente.*

Marquer, 6. que ce qui a porté Rome à se conduire de cette maniere, ç'a été de montrer par un exemple celebre que les Papes n'étoient plus sujets aux Regles ni aux Canons (mais à la passion des Jésuites) & qu'ils vouloient dorénavant juger seuls les plus importantes questions de la Foi.

Marquer, 7. & en dernier lieu qu'Innocent X. eut bien peur que sa Bulle ne fût mal reçue en France ; que quand il eut appris que le Cardinal Mazarin l'avoit fait recevoir, il ne put retenir les mouvemens extraordinaires de joye que lui causoit un si heureux succès.

C'est

C'eſt ce que l'on peut voir dans la relation de M. Du Boſquet, où il raporte qu'ayant eu audience du Pape Innocent X., Sa Sainteté lui dit ” qu'elle étoit ” bien obligée aux Evêques de Fran- ” ce, qu'elle les portoit dans ſon cœur ” parce qu'ils avoient été les premiers ” à reconnoitre l'autorité du S. Siege ” (c'eſt à dire ſon autorité particulie- ” re.) dans l'affaire de Janſenius ”, & qu'elle avoit ordonné de compiler tout ce qui avoit été fait ſur cette affaire dans un volume, où on liſoit à la tête les Lettres des Evêques de France pour ſer- vir de temoignage à la poſterité *de leur reſpect envers le S. Siege.* (C'eſt ce qui leur a fait dire depuis par Clement XI., qu'ils s'oublioient de vouloir examiner les decrets, & QU'ILS APRISSENT A OBEIR : *Diſcant parere.*)

Voilà les faits auxquels il me ſemble que pourroit s'attacher celui qui vou- droit faire le parallele de la condamna- tion de M. d'Ypre avec celle du Pere Queſnel & de M. de Senez : Condam- nations auxquelles on pourroit fort bien joindre celle de Baïus, afin de faire un ouvrage complet. En attendant on voit aſſez que les Jéſuites n'en impoſent point, lorſqu'ils diſent que le même eſprit qui a conduit Innocent X., l'Aſſemblée du Louvre & Alexandre VII., a conduit Clement XI., l'Aſſemblée de 1714., &

F

les

les Prelats d'Embrun. Reste à juger si cet esprit est celui de Dieu ou celui de la Societé : c'est au public à prononcer là-dessus, & à décider si de pareils jugemens sont fort respectables.

Au reste si quelqu'un trouvoit que dans ces trois condamnations, l'innocence a été oprimée & la justice blessée dans tous ses droits, qu'il sache que selon M. de Soissons *le Pape & les Evêques* peuvent justement condamner des innocens, puisqu'ils *peuvent justement* (a) *condamner la verité.*

Seigneur, s'écrie un de vos Prophétes à qui vous aviez revelé ce qui se passe de nos jours, & qui touché de la longueur de nos maux & du silence que vous gardez sur nos plaintes, vous adresse la parole; " Seigneur, *vous dit il*
" *en notre nom* (b), jusques à quand éle-
" vrai-je ma voix vers votre trône, sans
" que vous daigniez m'entendre; jus-
" ques à quand appellerai-je au secours,
" dans la violence que je souffre, sans
" que vous m'en apportiez? Pourquoi
" me reduisez-vous a ne voir que des
" iniquitez (c) & des maux, des injusti-
" ces & des violences? Pourquoi me
" rendez-vous témoin des mauvaises
" querelles & des injustes procédés que
" chaque jour l'on fait à votre peuple?
" Ne voyez-vous pas que les loix s'af-
" foibliront de plus en plus (d), que la
" justi-

(a) 1. Avert. p. 52. & 59.

(b) Usquequo Domine clamabo, & non ex audies; vociferabor ad te vim patiens, & non salvabis?

(c) Quare ostendisti mihi iniquitatem & laborem, videre injustitiam & prædam coram me, litem & contentionem.

(d) Propter hoc debilitatur lex,

[83]

„ juftice ne fera point rendue, tandis
„ que l'homme de bien n'aura que fon
„ bon droit pour défenfe, & qu'il ne
„ trouvera au tour de lui que des hom-
„ mes dévoués au mal : Car voilà l'o-
„ rigine des jugemens injuftes ". *Et
c'eft ce qu'un autre Prophète vous ré-
préfentoit de fon tems :*

non egreditur ju-
dicium, quia
impius circumdat
juftum : propte-
rea egreditur ju-
dicium perver-
fum. *Habac. I.*
2. 3. 4.

„ J'ai vu, *difoit-il* (a), les violences qui
„ s'exercent ouvertement, & les larmes
„ de ceux envers qui on les commet ;
„ Mais je n'ai vû perfonne qui fe mît
„ en devoir de proteger ceux-ci, *& de*
„ *reprimer les autres.* (La raifon qu'il
„ en donne eft remarquable :) C'eft que
„ *dit-il*, les opreffeurs & les perfécu-
„ teurs ont la puiffance & l'autorité en
„ main ; voilà pourquoi les opprimés ne
„ trouvent ni protection ni fecours ; &
„ voilà ce qui me fait trouver le fort
„ des morts preferable à celui des vi-
„ vans.

(a) Vidi omnes
oppreffiones quæ
fub fole geruntur,
& lacrymas op-
prefforum, &
neminem confo-
latorem; & in
manu opprimen-
tium eos eft po-
tentia, nec eft
illis confolator.
Et laudavi magis
mortuos quam
viventes. *Eccle-
fiaft.* 4. 1. 2.

„ Cependant, Seigneur, vos yeux font
„ trop purs (b) pour contempler le mal
„ d'une maniere indifferente, & vous
„ êtes trop équitable pour approuver
„ l'injuftice. Pourquoi donc ne dites-
„ vous rien en voyant le mépris que
„ l'on fait & de l'homme de bien & de
„ fa probité ? Pourquoi vous taifez-vous
„ pendant que le criminel dévore l'in-
„ nocent & qu'il en fait fa proye ? Vous
„ nous avez rendus femblables aux poif-

(b) Mundi funt
oculi tui, ne vi-
deas malum, &
refpicere ad ini-
quitatem non
potes. Quare
ergo refpicis con-
temtores , & ta-
ces devorante
impio juftio-
rem fe.

F 2

„ fons

(a) Facifque ho-
mines quafi pif-
ces maris, &
quafi reptile non
habens princi-
pem.
(b) Totum in
hamo fublevavit,
traxit illud in fa-
gena fua, & con-
gregavit in rete
fuum. Super
hoc lætabitur &
exultabit.
(c) Propterea
immolabit fage-
næ fuæ, & fa-
crificabit reti fuo,
quia in ipfis in-
craffata eft pars
ejus, & cibus
ejus electus.
(d) Propter hoc
ergo expandit
fagenam fuam,
& interficere
gentes non par-
cet. *Habac.* Ibid.
13. 14. 15. 16. 17.

» fons & aux reptiles (a), parmi lef-
» quels il n'y a point de Roi *qui em-*
» *pêche les grands d'engloutir les petits*
» Notre principal ennemi *comme, un ha-*
» *bile pêcheur*, attire tout à lui (b) avec
» l'apas *qu'il tend à la crédulité des uns*
» *& à la cupidité des autres*, après quoi
» il renferme tout dans fon rets. Ce
» fuccès le remplit de joye & le rend
» triomphant : il va même jufqu'à fa-
» crifier à fon filet (c) comme à une
» divinité qui lui a fervi à étendre fon
» Empire & à le compofer de ce qu'il
» y a de plus augufte & de plus diftin-
» gué. Enfin Seigneur, il eft infatia-
» ble (d) : il veut tout envahir ; & les
» nations qui refufent d'entrer dans fon
» rets, il les tue *autant qu'il eft en lui*
par un glaive qui eft mortel de fa nature ;

Mais ne nous bornons pas à ce feul
endroit d'Habacuc, quoiqu'il répréfente en racourci tous les maux qui nous
affligent. Confiderons les d'une maniere plus étendue & plus dévelopée : &
pour cet effet ouvrons Ifaïe, & expli-
quons en quelques Chapitres, mais d'une
maniere fuivie, liée, naturelle, & fur-
tout litterale, c'eft à dire en évitant
d'affoiblir les penfées du Prophete, &
en donnant à fes expreffions un fens qui
foit digne de l'Efprit qui l'a infpiré &
qui l'a fait parler.

ETAT

ETAT PRESENT

DE

L'EGLISE

Réprésenté par le Prophete Isaïe dans les Chapitres I. III. V.

Non facit Dominus Deus verbum, nisi revelaverit secretum suum ad servos suos Prophetas.

„ Le Seigneur ne fait rien, sans avoir revélé aupa-
„ ravant son secret aux Prophetes ses Serviteurs
„ *Amos.* 3. 7.

M D CC XXXI.

Nous reformons la Vulgate sur le Texte Original, quand elle n'en rend pas exactement le sens.

CHAPITRE I.

RIEN de plus serieux & de plus in-téressant, qu'un discours que Dieu prononce lui-même, & auquel il donne ordre *au ciel & à la terre de se rendre attentifs.*

C'est contre ma propre famille que je vais porter mes plaintes, contre *des enfans* dont j'ai pris un soin particulier, que j'ai distingués des autres peuples, que j'ai instruits des verités les plus salutaires, que j'ai nourris de ma table, à qui j'ai fait part de mon autorité, confié ma religion, & que j'ai associés au Sacerdoce de mon Fils. Au lieu de me rendre graces, de glorifier mon nom, & d'en répandre la bonne odeur, ils m'ont deshonoré & ils ont violé tous les traités de l'alliance que j'avois faite avec eux.

Les animaux privés d'intelligence, *reconnoissent leurs maîtres;* & par leur fidélité à revenir vers celui qui est attentif à leurs besoins, ils temoignent qu'ils se trouvent bien à son service, & qu'ils veulent dépendre de lui. *Mais mon peuple* qui me doit ce qu'il est, qui ne vit & ne subsiste que par ma volonté, loin de me rechercher & de s'attacher à moi, ne comprend pas même que son bonheur consiste à m'être sou-

CaputPrimum.

2.

Audite cœli, & auribus percipe terra, quoniam Dominus locutus est : Filios enutrivi & exaltavi, ipsi autem prævaricati sunt contra me.

3.

Cognovit bos possessorem suum, & asinus præsepe domini sui; Israël autem non cognovit, populus meus non intellexit.

F 4

mis

mis en tout, & à attendre de ma bonté le pain qui donne la vie à l'ame, comme celui qui fait vivre le corps.

Cette stupidité qui met l'homme au dessous de la bête, tire son origine d'un parfait oubli du Créateur & des biens qu'il en reçoit; & cette ingratitude devient la source d'une multitude de crimes & de prévarications. Aussi le Prophete s'écrie-t'il : " Malheur à la nation " pécheresse, au peuple chargé d'ini- " quité, à la race corrompue, aux en- " fans méchans & scélérats : ils ont " abandonné le Seigneur, ils ont pro- " voqué sa colere en se détournant de " lui ". Que pourroient-ils être en effet autre chose que péché, après avoir perdu de vûe l'auteur de toute justice ? Que pourroient-ils faire autre chose que le mal, dès qu'ils ne pensent pas même à implorer la grace de celui qui est le principe efficace de tout bien ? Et que n'ont-ils pas à attendre de sa colere & de ses vengeances après une telle apostasie ?

" Mais de quelle utilité seroit-il de " porter de nouveaux coups à ce peu- " ple " ? Les malheurs publics & particuliers, les fléaux si nombreux & si variés dont je l'ai frappé, ne lui ont pas fait ouvrir les yeux. Je lui ai envoyé la peste & la famine, j'ai reduit en cendres quelques-unes de ses villes,

je

Marginal notes:

4.
Væ genti peccatrici, populo gravi iniquitate, semini nequam, filiis sceleratis, dereliquerunt Dominum, irasci fecerunt Sanctum Israël, alienati sunt retrorsum.

5.
Super quo percutiam vos ultra, addentes prævaricationem : omne caput languidum, & omne cor infirmum.

je lui ai enlevé la meilleure partie de ses biens; & cependant loin de revenir à moi & de mettre fin à ses prévarications, il s'endurcit sous mes châtimens: Semblable à Pharaon & à l'Egypte, ce peuple *ajoute péché sur péché*; & ce qui est plus déplorable, c'est que ceux qui *sont ses Chefs* & qui devroient le rapeller autant par leur exemple que par leurs discours, sont des muets & des gens efféminés, *qui n'ont ni zele ni courage*, & dont le penchant & les inclinations ne tendent qu'à la molesse & au relâchement.

De-là cette langueur où l'on est pour ma gloire & pour mes interêts; de-là cette indifférence pour l'instruction & l'édification des fideles; de-là l'introduction de toutes sortes de maximes pernicieuses & funestes; de-là enfin *cette plaïe generale* qui couvre la surface de mon Eglise, & dont l'ulcere qui couvroit le corps de Job, étoit une image parfaite: Il n'y avoit aucune partie ni aucun de ses membres qui ne fut affligé: Ce n'est de même dans tous le christianisme que *contusion & que blessure*; & ceux qui devroient tenir lieu de medecins, sont aussi malades que les autres, car le prêtre en ce point n'est pas distingué du peuple.

N'y a-t'il donc rien de sain? N'y a-t'il plus de juste, non plus que de mi-

6. *A planta pedis usque ad verticem non est in eo sanitas: vulnus & livor, & plaga tumens, non est circumligata, nec curata medicamine, neque fota oleo.*

niftres

niftres zélés? Il y en a fans doute, mais ils font aufli cachés que l'étoit le cœur de Job, lorfqu'il ne montroit au dehors qu'un cadavre infect & couvert de pourriture. Il falloit percer jufqu'à fon ame pour y trouver de la vie & de la fanté: Si l'on s'arrêtoit à ce qui frapoit les fens, on ne decouvroit qu'un corps tout ulceré.

Cette idée eft affreufe, car elle répréfente le monde chrétien comme une terre défolée; & c'eft ce que le Prophete remarque: *Votre terre eft déferte,* parce que les gens de bien pour lefquels feuls le monde fubfifte, y font très rares & qu'il ne leur eft plus permis de fe montrer. *Vos villes font brûlées par le feu,* non le feu matériel & fenfible, mais celui que les paffions allument, que les diverfes cupidités enflâment, & que la morale corrompue nourrit & entretient. *Les étrangers dévorent votre pais devant vous,* c'eft à dire, les nations jaloufes & ennemies de la piété, les Docteurs d'erreur qui fe font infinués jufque dans le fein de l'Eglife & qui y occupent la place des adminiftrateurs fideles, ces ouvriers d'iniquité *défolent* la vigne du pere de famille, *comme des troupes de barbares ravageroient une Province,* ils ont reduit fa maifon au même état que ces cabanes qui après la moiffon & la vendange fervent de retrai-

7.
Terra veftra deferta, civitates veftræ fuccenfæ igni: regionem veftram coram vobis alieni devorant, & defolabitur ficut in vaftitate hoftili.

8.
Et derelinquetur Filia Sion ut umbraculum in vinea, & ficut tugurium in cucu-

traite aux voleurs ; en un mot *nous se-*
rions en tout semblables aux habitans de
Sodome & de Gomorrhe, si Dieu n'eût
conservé parmi nous de quoi ensemencer le
monde de justes, je veux dire, s'il n'a-
voit mis en reserve un petit nombre de
gens de bien qui serviront à en former
d'autres & à repeupler l'Eglise.

Je sai que ceux qui font interressés à
faire envisager les choses autrement que
je les présente, ne manqueront pas de
dire pour faire diversion, & amuser les
peuples, que les temples ne furent jamais plus pompeux, plus remplis, ni
plus magnifiquement ornés ; que jamais
il n'y eut plus d'exercices de piété, plus
de fondations, plus de confrairies, un
chant plus mélodieux, plus de prieres
ni de vœux addressés au Très-haut.
Mais voici ce que je réponds à ces vains
discoureurs, & qui se moquent de ce
que j'annonce comme on se moquoit à
Sodome de ce que Lot annonçoit sur la
ruine prochaine de cette ville *.

Ecoutez princes de Sodôme, qui êtes
l'ame & le premier mobile du myftere
d'iniquité ; écoutez, non ces airs caden-
cés dont vos Eglises retentissent, mais
la parole du Seigneur. Et vous, *peuple*
de Gomorrhe, qui n'avez de goût & d'at-
trait que pour une doctrine qui flate

votre

9.
Nifi Dominus
exercituum reli-
quiffet nobis fe-
men, quafi So-
doma fuiffemus,
& quafi Go-
morrha similes
effemus.

merario, & si-
cut civitas quæ
vaftatur.

10.
Audite verbum
Domini princi-
pes Sodomo-
rum, percipite
auribus legem
Dei noftri popu-
lus Gomorrhæ.

---

* Vifus eft eis quafi ludens loqui. *Gen.* 19. 14.

11.
Quo mihi multitudinem victimatum vestrarum, dicit Dominus? plenus sum. Holocausta arietum, & adipem pinguium, & sanguinem vitulorum & agnorum & hircorum nolui.

12.
Cum veniretis ante conspectum meum, quis quæsivit hæc de manibus vestris, ut conculcaretis atria mea?

(a) Deuter. 6. 5.
(b) I Joan 4. 8.

13.
Ne offeratis ultra Sacrificium.

votre sensualité, *prêtez l'oreille*, non aux maximes qui vous corrompent & vous perdent, mais *à la Loi de notre Dieu*.

Mais avant que d'entrer dans le détail de ce que cette Loi prescrit, écoutez le Seigneur lui-même vous temoigner le peu de cas qu'il fait de votre culte extérieur.

Qu'ai je affaire de ce grand nombre de sacrifices. Celui de mon Fils m'est toujours agréable; mais croyez-vous qu'en me l'offrant sans avoir les dispositions qu'il avoit lorsqu'il me l'offrit le premier, vous suppléerez à ce défaut en payant les sacrificateurs & en multipliant les sacrifices? Qui vous a apris à me donner ainsi le change, à substituer la lettre à l'esprit, l'exterieur à l'interieur? Les Juifs croyoient comme vous me rendre un grand hommage en multipliant beaucoup les victimes. Mais *lorsqu'on vient se présenter devant moi,* ce n'est pas ce qui est dans la main que je regarde, je n'en fais aucun cas, si l'on ne commence d'abord par m'offrir ce que j'ai demandé d'une maniere nette & précise : " Vous m'aimerez, vous " ai-je dit (a), *diliges,* parce que je suis " moi même amour (b), *Deus charitas est.* C'est donc le cœur que je veux que l'on m'offre, c'est ce seul sacrifice qui peut me rendre propice.

Ne venez donc plus me fatiguer avec
vos

vos dons, ni vous féduire vous-mêmes par des oblations qui, quoique faintes par elles-mêmes, font vaines & illufoires dès que vous ne faites pas partie de l'holocaufte. *Il en eft de même de ces nuées d'encens* dont vous rempliffez mes temples : Son odeur peut vous plaire, mais le parfum qui eft feul de mon goût, c'eft celui d'une priere qui part d'un cœur, ou pénétré de reconnoiffance pour mes bienfaits, ou touché d'une vive douleur de m'avoir offenfé. ” Je ” fuis également infenfible à vos jours ” de Fêtes, d'Affemblées & de Con-” gregations ”: *ces jours* de tumulte pour moi & d'amufement pour vous, *me font infuportables ;* ” & je vous dé-” clare que vous aurez beau dans vos ” folemnités étendre les mains vers mon ” trône & multiplier vos prieres, je ne ” vous écouterai point ” parce que votre cœur qui eft la premiere chofe que je confidere, eft encore plus fouillé *que vos mains injuftes* & facrileges.

Allez donc vous purifier fi vous voulez trouver grace devant moi, *& commencez par ôter de vos cœurs tout ce qui m'en ferme l'entrée ;* car c'eft-là le temple où je veux habiter, c'eft-là le lieu qu'il faut me préparer, & où je veux recevoir tout à la fois le facrifice de louange & l'encens d'une priere formée par mon efprit qui eft l'efprit d'amour.

Ceffez

vanum: incenfum abominatio eft mihi: Neomeniam & Sabbatum, & Feftivitates alias non feram, iniqui funt cœtus veftri.

14.
Calendas veftras, & folemnitates veftras odivit anima mea, facta funt mihi molefta, laboravi fuftinens.

15.
Et cum extenderitis manus veftras, avertam oculos meos à vobis; & cum multiplicaveritis orationem, non exaudiam ; manus enim veftræ fanguine plenæ funt.

16.
Lavamini, mundi eftote, auferte malum cogitationum veftrarum ab oculis meis: quiefcite agere perverfe, difcite benefacere.

Ceſſez de faire le mal & apprenez à faire le bien. Voilà le terme & la fin de mes préceptes & de mes ordonnances ; voilà l'unique choſe que j'attends & que j'exige de vous. Mais donnez, Seigneur, ce que vous commandez. Vous venez de nous montrer par vos reproches, que nous étions auſſi pervers que les habitans de Sodôme ; or de même que les ténebres ne ſauroient produire la lumiere, nous ne pouvons faire ſortir l'innocence & la juſtice d'un fond injuſte & corrompu : vous le ſavez puiſque vous nous donnez cet avis, „ Que ſi un Ethiopïen peut changer ſa „ peau (*a*), ou un leopard la varieté „ de ſes couleurs, nous pourrons auſſi „ faire le bien nous qui n'avons apris „ qu'à faire le mal. Purifiez-nous donc „ vous même (*b*), & nous ſerons pu- „ rifiez ; lavez nous, & nous devien- „ drons plus blancs que la neige „ :

C'eſt ainſi qu'un de vos Prophetes vous répréſentoit ſon impuiſſance ; avertis que nous ſommes par la nôtre, & obligés par votre commandement de ceſſer d'être méchans & de commencer à devenir bons, nous regardons cet ordre & notre foibleſſe comme deux voix qui nous diſent de nous addreſſer à vous pour vous demander l'amour du bien & la haine du mal.

Nous en faiſons de même par raport

à

(*a*) Jerem. 13. 23.

(*b*) Pſ. 50. 9.

17.
Quærite judicium, ſubyeni-

à l'autre précepte que vous nous im-
posez à l'egard du prochain : " *Exami-*
" *nez tout*, nous dites-vous, *avant que*
" *de juger, affistez l'oprimé, faites justi-*
" *ce à l'orphelin, défendez la veuve* ".
Quelle lumiere & quel discernement,
quelle droiture & quel amour de la justice n'exige pas de nous & de ceux qui
sont en place, un tel commandement !
Qui est capable de resister aux puissances, quand elles prennent un parti contraire à l'équité ? Qui est assez fort &
courageux pour rompre les liens dont
les ouvriers d'iniquité veulent enveloper l'innocent qui n'a pour ressource &
pour appui que son innocence & son
bon droit ? Qui est assez judicieux &
assez éclairé pour distinguer les sophismes & les prestiges d'une fausse éloquence d'avec des preuves solides & des
raisons convainquantes ? Qui aime assez
la justice & la vérité pour se jetter dans
le côté de la balance où elles demeurent
seules, tandis que l'injustice & l'erreur
armées de toute l'autorité font pencher
l'autre & l'inclinent. Donnez-nous,
Seigneur, des ministres semblables à ceux
que Jethro disoit a Moyse de se choisir
pour partager l'autorité & le gouvernement du peuple : " Choisissez (*a*), lui
" dit-il, des hommes fermes & coura-
" geux ; *provide viros potentes*, qui crai-
" gnent Dieu, qui aiment la vérité &
" qui

te oppresso, ju-
dicate pupillo,
defendite vidu-
am.

(*a*) Exod. 18. 21.

18.
Et venite, & ar-
guite me, dicit
Dominus: Si
fuerint peccata
vestra ut cocci-
num, quasi nix
dealbabuntur; &
si fuerint rubra
quasi vermiculus,
velut lana alba
erunt.

19.
Si volueritis &
audieritis me,
bona terræ co-
medetis.

„ qui soient ennemis de l'avarice „, *timentes Deum, in quibus sit veritas, & qui oderint avaritiam.* Inspirez-nous ensuite le respect & la docilité qui est due à des pasteurs & à des juges si équitables & si desinteressés, après quoi nous verrons s'accomplir la promesse que vous nous faites „ de nous pardonner nos pé-„ chés, & de nous donner une pureté „ dont la plus éclatante blancheur n'est „ qu'un foible symbole „.

Tel est donc le moyen, & l'unique, de rentrer en grace avec Dieu : commencer par nous reconnoître coupables, & puis nous addresser à lui pour en obtenir la justice, vivement persuadés que nous ne saurions l'obtenir d'ailleurs. C'est ce que la Loi ne disoit jamais, le Juif ayant mérité par son orgueil & par sa présomtion qu'on lui parlât selon ses préjugés, dont le principal étoit de se croire capable par lui même de se convertir & de revenir de ses égaremens : „ Si vous voulez m'écouter leur „ disoit le Seigneur, vous serez rasas-„ siez des biens de la terre „ : Il nous addresse les mêmes paroles & nous promet de plus grands biens, avec cette difference qu'il nous fait dire par ses Apôtres & par leurs dignes Successeurs, que la bonne volonté, le bon cœur est un don spécial de sa grace. Mais au lieu de nous laisser persuader de cette verivérité, nous prêtons l'oreille à de faux Prophetes, qui nous flattant d'un vain pouvoir nous font sceller nos prévarications par un orgueil également impie & insensé, & de-là la punition terrible dont le Seigneur nous menace : *Que si vous ne voulez pas m'entendre, & si vous m'irritez contre vous* en continuant vos desordres (ce qui ne peut manquer d'arriver quand on établit sa confiance en soi même) *l'épée vous dévorera*, non l'épée de la parole avec laquelle je tuë l'impie & l'impiété, mais l'épée de la parole des ministres de Satan ; & c'est ce que nous voyons s'executer de jour en jour par le ravage, que fait de toutes parts la doctrine relâchée.

Cependant qui l'auroit cru, qu'après être passés de la region des ombres de la mort à la lumiere de l'Evangile de Jesus-Christ, il viendroit des jours où perdant de vue ce bienfait & cette misericorde, nous retomberions dans nos premieres ténebres & notre premiere corruption ? Qui auroit pensé en voyant les premiers chrétiens si remplis de religion, que leurs descendans seroient ce que nous sommes aujourd'hui ? Qui se seroit attendu en voyant la sainte vocation des premiers pasteurs & leur sollicitude à gouverner les peuples qui leur étoient confiés, que l'Eglise dans la suite des tems auroit pour guides & pour

G   con-

20.
Quod si nolueri-
tis, & me ad ira-
cundiam provo-
caveritis, gla-
dius devorabit
vos, quia os Do-
mini locutum est.

conducteurs, des hommes qui ne savent que laisser perir les brebis, ou les livrer au loup après s'être enrichis de leur laine? c'est ce qui fait l'étonnement du Prophete : ʺComment, dit-il, s'est ʺil pu faire que la cité fidele, pleine ʺde droiture & d'équité, est devenue ʺune prostituée ʺ (Remarquez que ceci ne peut absolument convenir à la Synagogue, qui n'a jamais été qu'une esclave, une endurcie, une rebelle, une présomtueuse & une prévaricatrice) ʺLa justice habitoit dans elle, & il n'y ʺa maintenant que des meurtriers, ʺ non des corps mais des ames.

ʺVotre argent s'est changé en écuʺme, & votre vin a été mêlé d'eau. ʺ Ce discours est insuportable si on ne s'éleve pas au dessus de la lettre; & il en est ainsi de presque tous les livres de l'écriture, si l'on s'arrête à ce qu'ils présentent d'abord. Cependant rien de plus sensé que des écrits dictés par l'Esprit saint qui est le bon sens & la raison par essence; d'où il s'ensuit que le vrai sens litteral de ces livres, est celui que l'on appelle spirituel, tout autre sens n'étant pas raisonnable, ou s'il le paroit, ne pouvant faire un tissu dont les diverses parties soient liées, suivies & non interrompues. Que signifient donc ces paroles : *Votre argent s'est changé en écume.* L'écume est ce qui se

montre

montre d'abord, & elle forme un volume qui a grande apparence, mais qui n'eſt que du vent: vrai ſymbole de la piété de nos jours. Celle des premiers fideles avoit la ſolidité de l'argent, la nôtre n'eſt qu'un extérieur faſtueux: grande montre, grand bruit, grand appareil, voilà à quoi ſe borne le culte que nous rendons à Dieu. *Votre vin a été mêlé d'eau.* Nos peres recevoient de leurs paſteurs la doctrine toute pure des Prophêtes & des Apôtres: auſſi étoient-ils des hommes pleins de zele, de lumiere & de force. Pour nous, l'on ne nous donne qu'un mélange de toutes ſortes d'opinions; *le vrai, le faux, le douteux (a) l'incertain,* tout eſt confondu; & dans ce partage, l'on nous dit de *ſuivre ce qui nous paroîtra plus commode.*

Ce malheur eſt l'effet naturel du libertinage d'opinions introduit dans l'Egliſe pendant le ſommeil de ceux qui auroient du faire ſentinelle. Il eſt la ſuite de la mauvaiſe entrée dans l'état Eccléſiaſtique, & du choix ſi irregulier que l'on fait pour remplir les premieres places (b). Autrefois l'on fuyoit, & maintenant l'on court. Autrefois la religion & la piété ſe formoient ſeules des miniſtres; & aujourd'hui c'eſt la cupidité qui, ſelon ſes differentes vuës, recompenſe celui-ci, fait entrer celui-

(a) Voyez les principes des Jeſ. ſur la Probabilité. p. 9. 11. 13.

(b) Voyez les Reflexions ſimples & naturelles. 1. Reflex.

G 2   là,

là, & ferme la porte à cet autre. Autrefois ceux qui étoient appellés se dépouilloient de leurs propres biens pour fournir aux besoins des fideles ; & aujourd'hui ceux qui s'appellent eux mêmes, ne pensent qu'à s'enrichir & à multiplier les benefices. Aussi le Prophete qualifie-t'il de tels hommes *d'associés & de compagnons des voleurs, qui prennent comme eux des sentiers détournés* pour venir mieux à bout de leurs pernicieuses entreprises : *Declinantes & socii furum.* Le voleur, dit Jesus-Christ, ne vient que pour voler, pour égorger & pour perdre, au lieu que le bon pasteur *qui ne vient pas, mais que l'on fait venir,* donne sa vie pour ses brébis.

Le reste du chapitre n'a pas besoin de grand éclaircissement. Dieu y déclare *qu'il se consolera en perdant ceux qui l'attaquent* d'une maniere si outrageuse, *qu'il purifiera* son Eglise comme on purifie les métaux qui sont prétieux, mais mêlés d'alliage : *J'en ôterai,* dit-il, *toute l'ecume & tout l'étain,* & je la rendrai aussi pure & aussi éclatante qu'elle étoit *dans les commencemens :* ce qui veut dire qu'il en donnera le gouvernement à des hommes pleins de l'esprit apostolique, & *qu'il en retranchera ce grand corps de méchans & de scelerats* qui s'en sont rendus les maîtres, *avec tous ceux* qui leur seront attachés.

Il

23.
Principes tui declinantes & socii furum : omnes diligunt munera, sequuntur retributiones : pupillo non judicant, & causa viduæ non ingreditur ad illos.

24.
Propter hoc, ait Dominus Deus exercituum fortis Israël : Heu consolabor super hostibus meis, & vindicabor de inimicis meis.

25.
Et convertam manum meam ad te, & excoquam ad purum scoriam tuam, & auferam omne stannum tuum.

26.
Et restituam judices tuos ut fuerunt prius, & consiliarios tuos

[17]

Il les confondra par les idoles mêmes aux-quelles ils avoient sacrifié, c'est à dire, en produisant au grand jour leurs maximes licentieuses & leurs dogmes erronés, dont le principal & l'essentiel est celui qui met l'homme à la place de Dieu, en soumettant la grace aux divers caprices du libre arbitre, & la volonté du Tout-puissant à la volonté humaine.

Ces erreurs & les sophismes qui servoient à les pallier, *tomberont d'elles-mêmes comme les feuilles* d'un arbre qui n'a plus de séve, ou que le soleil a desséchées; ceux qui les débitoient seront regardés comme des troncs morts & pourris, & leurs écoles *comme des jardins* dont le fond est aride, *l'eau* de la grace ne l'arrosant point, parce qu'ils en ont eux mêmes tari la source en rejettant cette grace & en lui ôtant son efficace. Enfin, dit le Prophete, *leur force sera comme de l'étoupe seche,* c'est à dire, que les autorités dont ils s'appuieront, que les Decrets & les Constitutions qu'ils citeront en leur faveur, auront le même sort que leur doctrine, qui sera d'être condamnée au feu sans que personne s'y oppose: *Et erit fortitudo vestra ut favilla stuppæ, & opus vestrum quasi scintilla.* Ce qui marque que la mauvaise doctrine qui est *l'ouvrage de l'esprit humain,* sera pour les

G 3

sicut antiquitas; post hæc vocaberis civitas justitiæ, urbs fidelis.

27.

Sion in judicio redimetur, & conversi ejus in justitia.

28.

Et conteret scelestos & peccatores simul; & qui dereliquerunt Dominum, consumentur.

29.

Confundentur enim ab idolis quibus sacrificaverunt, & erubescetis super hortis quos elegeratis.

30.

Cum fueritis velut quercus defluens foliis suis, & velut hortus absque aquâ.

31.

Et erit fortitudo vestra ut favilla stuppæ, & opus vestrum quasi scintilla: & succendetur utrumque simul, & non erit qui extinguat.

Bul-

Bulles qui l'appuyeront, ce qu'est *une étincelle* pour une matiere aisée à enflammer : *Et succendetur utrumque simul, nec erit qui extinguat.* Le raport que l'on verra entre l'une & l'autre, les fera toutes deux réduire en cendres & anathématiser par tout le monde.

CHAPITRE III.

COMME on n'envisage pour l'ordinaire dans les grandes calamités, que le bras de ceux dont Dieu se sert pour exercer ses vengeances, & que sa main est comptée pour rien, le Prophete va nous declarer ʺ qu'il n'arrive auʺ cun (*a*) malheur dans la ville sainte ʺ comme dans la ville profane, que le ʺ Seigneur n'ait ordonné; que c'est lui ʺ qui renverse & qui détruit, qui reʺ gle par sa sagesse tous les maux qui ʺ nous affligent, & qu'il ne se fait rien ʺ dans sa maison qui n'ait été arrêté ʺ dans ses conseils éternels.

ʺ Oui, dit-il, c'est le Dominateur ʺ suprême, le Seigneur des armées qui ʺ ôte (de l'Eglise comme de l'Etat) ʺ ce qui en faisoit le soutien & l'apui. ʺ C'est par son ordre que le pain & ʺ l'eau de sa parole sont sans force & ʺ sans vertu ʺ, & que ceux qui nous l'administrent sont sans piété, sans lumier & sans zele. ʺ C'est par son ʺ com-

(*a*) Amos. 3. 6.

CAPUT TERTIUM

Ecce enim dominator Deus exercituum auferet à Jerusalem & à Juda validum & fortem, omne robur panis & omne robur aquæ.

2.

— Judicem & prophetam

„ commandement que les hommes ca-
„ pables de gouverner & d'inſtruire,
„ ſont enlevés de leurs places, & que
„ des enfans ” (non par la ſimplicité
„ des mœurs mais par la légereté de
„ l'eſprit) leur ſont ſubſtitués ”.

De-là la confuſion & le deſordre, l'inu-
tilité de tous les ſecours que l'on pourroit prêter, parce que loin d'être ſou-
tenu l'on eſt contredit de toutes parts ;
de-là la ruine générale & l'extinction
de tout bien. Et voici maintenant l'o-
rigine de ces maux : ” C'eſt que nos pa-
„ roles & nos œuvres ont attaqué le
„ Seigneur ” : *Quia lingua eorum &*
adinventiones eorum contra Dominum.

Jettons les yeux en effet ſur tout ce
qui nous environne, parcourons les
Royaumes & les Républiques chrétiennes. Qu'y voit-on autre choſe que
des perſonnes de l'un & de l'autre ſexe
dont *l'impudence de leur viſage rend te-*
moignage contre eux. Loin de rougir du
mal, ils rougiroient s'ils pratiquoient
ſeulement le dehors du bien ; & ils in-
ſultent ouvertement à ceux qui ne les
imitent pas. ” Loin de cacher leurs
„ deſordres, ils les publient hautement
„ comme Sodome ”. Le crime eſt
paſſé en loi : c'eſt une foibleſſe & un
défaut d'éducation que d'avoir de la pudeur & de la retenue ; & de n'en plus

G 4

avoir,

3.
- - Conſiliarium
& ſapientem.

4.
Et dabo pueros
principes eorum,
& effeminati do-
minabuntur eis.

5.
Et irruet popu-
lus, vir ad vi-
rum … ſurget
puer contra ſe-
nem, & ignobi-
lis contra nobi-
lem.

6.
Apprehendet
quiſque fratrem
ſuum … Prin-
ceps eſto noſter…

7.
At ille reſponde-
bit… non ſum
medicus…

8.
Ruit enim Jeru-
ſalem, & Juda
concidit, quia
lingua eorum &
adinventiones
eorum contra
Dominum, ut
provocarent ocu-
los majeſtatis ejus

9.
Agnitio vultus
eorum teſtifica-
tur contra eos,
& peccatum
ſuum quaſi So-
doma prædica-

verunt, nec abſ-
conderunt : Væ
animæ eorum,
quoniam accer-
ſunt ſibi ipſis
mala.

10.
Dicite juſto quòd
bene agat, quòd
fructum adin-
ventionum ſua-
rum comedet.

11.
Væ impio male
agenti, retribu-
tio enim ma-
nuum ejus fiet ei.

12.
Popule mi, diri-
gentes te, ipſi te
decipiunt, &
viam ſemitarum
tuarum perdunt :
populum meum
ſpoliant exacto-
res ejus : parvuli
& mulieres do-
minatæ ſunt ei.

avoir, c'eſt la marque d'une ame noble & qui eſt de bon goût.

Juſtes & gens de bien, ne croyez pas néanmoins que le vice ſoit toujours triomphant. *Faites à l'égard de la vertu* qui n'eſt plus de cours aujourd'hui, ce que les gens ſenſés faiſoient dans ces dernieres années à l'égard de l'or & de l'argent, dont tout le monde ſe dépouilloit, " & vous recueillerez les fruits de „ votre prudence, pendant que l'impie „ ne recúeillera que ceux de ſon im- „ piété ".

Mais que faiſons-nous, dit le monde, qui ne ſoit autoriſé par l'exemple & la conduite des premiers Paſteurs ? N'a-vons-nous pas pour garans & pour cautions, une multitude de Docteurs dont nous ne faiſons que ſuivre les maximes ? C'eſt ainſi que le monde croit ſe juſti-fier & faire ſon apologie : & voici ce que le Seigneur répond.

Mon peuple, vos directeurs vous trom-pent, ils vous ſéduiſent lorſqu'ils vous diſent que vous pouvez ſans m'offenſer dépoſer le perſonnage de chrétien, & ils vous conduiſent à votre perte en vous faiſant marcher dans les routes nouvel-les qu'ils ont eu ſoin de vous tracer. Il en eſt de même de vos paſteurs, ils exigent de vous que vous renonciez à votre foi pour vous conſerver la qua-lité de fideles ; *ils vous dépouillent, & vous*

vous reduifent à une nudité auffi hon-
teufe que celle du peuple Juif (*4*) lorfqu'Aaron lui préfenta le veau d'or ; ils
vous entretiennent dans le defordre par
leurs exemples fcandaleux : Car ce ne
font pas feulement *des enfans* fans jugement & fans tête, ce font encore *des
femmes* par leur luxe & leur moleffe.

N'en convenez-vous pas vous-mêmes,
& ne dites-vous pas autant de fois qu'ils
fe montrent fous vos yeux : Sont-ce
donc là les vicaires du Pafteur qui a
donné fa vie pour fes brébis ? Sont ce
là les miniftres d'un Dieu faint ? Re-
connoît-on à leur maniere d'agir les fuc-
ceffeurs d'un Paul, c'est a dire, d'un
Apôtre qui fe traitoit rudement, qui
s'entretenoit du travail de fes mains,
qui s'expofoit tous les jours à differens
perils pour former à fon maître de nouveaux adorat urs, dont la vie, à proprement parler, auffi bien que le miniftere,
n'étoit qu'une amertume, un travail &
une tribulation continuelle, encore plus
affligé dans l'efprit que dans le corps,
traverfé, maltraité, perfecuté, mourant
tous les jours & vivant neanmoins :
Quel contrafte, dit on, de cet ancien
Pafteur avec ceux de nos jours !

Mais puifque vous favez fi bien en
faire la difference, pourquoi donc vous
juftifier par l'exemple de perfonnes dont
vous cenfurez les défauts ? & pourquoi

 dé-

(4) Exod. 32. 25.

13.
Stat ad judican-
dum Dominus
& ftat ad judi-
candos populos.

déferer fans difcernement à des hommes dont vous connoiffez les préventions, les jaloufies, les haines, l'infuffifance & le peu de capacité. On n'en ufe point ainfi quand il s'agit de la fanté & des autres biens de la vie, on tient au contraire une conduite toute oppofée ; & c'eft cette prudence & cette difcrétion pour les chofes temporelles, qui rendra notre imprudence & notre indifcrétion inexcufables dans les chofes fpirituelles.

Des femmes ont dominé mon peuple. Ces paroles font remarquables : elles nous font connoître que c'eft de ces hommes efféminés fort propres à dominer avec empire, & non plus à gouverner avec fageffe, dont le **Prophete** parle depuis le verfet 16 jufqu'au 25, & qu'il répréfente avec leurs ornemens, leurs parures & tous leurs inftrumens, qui de *filles de Sion,* dont elles portent le nom, les rendent des filles de Babylone. *Le Seigneur les démafquera enfin,* & manifeftera au grand jour tout ce qui étoit caché fous ce dehors impofant & fous ces voiles pompeux & magnifiques.

Mais auparavant *ils défoleront* l'Eglife, *ils s'engraifferont du bien des pauvres* dont on leur avoit confié l'adminiftration, *ils fouleront aux pieds le peuple du Seigneur,* c'eft à dire, fes plus parfaits adorateurs,

rateurs, *ils les fraperont au visage* par les calomnies atroces qu'ils répandront contre eux dans le dessein de les perdre de réputation dans le public, *ils en feront même perir un grand nombre des plus distingués* en lumiere & en piété, & d'autres sucomberont sous le poids du travail & des mauvais traitemens qu'ils essuyeront *dans le combat* de l'erreur contre la vérité. Enfin *les portes de Sion*, c'est à dire tous ceux qui faisoient sentinelle pour empêcher l'ennemi de s'introduire dans le Sanctuaire & d'y faire entrer après lui sa morale licentieuse, *seront dans le deuil & dans les larmes* de voir malgré tous leurs efforts la désolation de l'abomination jusques dans le lieu saint. Tous les justes alors & tous les vrais serviteurs de Dieu seront comme une veuve, qui chassée de sa maison s'assied à terre, ne pouvant plus suporter le poids de sa douleur.

rum commolitis, dicit Dominus Deus exercituum. (Après le détail du faste des pasteurs efféminés, qui commence au v. 16 & finit au 24, le Prophete revient aux serviteurs de Dieu, & prédit à l'Eglise qu'ils lui seront enlevés.)

25.
Pulcherrimi viri tui gladio cadent, & fortes tui in prælio.

26.
Et mœrebunt atque lugebunt portæ ejus (Sion) & desolata in terra sedebit.

CHAPITRE V.

LE cantique que le Prophete va chanter, est une apologie de la conduite de Dieu sur son Eglise.

Mon bien-aimé, c'est à dire, mon Fils, l'objet de mes complaisances *avoit planté une vigne sur un côteau dont le terrain étoit gras & fertile.* Ce côteau, c'est l'Eglise de Jerusalem instruite & gouvernée

CAPUT QUINTUM

Cantabo dilecto meo canticum de vinea sua. Vinea fuit dilecto meo in colle loco pingui.

vernée par les Apôtres & leurs premiers
Succeſſeurs, ſi diſtinguée par ſa ſainteté, la pureté de ſa morale & l'integrité
de ſes Dogmes. C'eſt ſur ces premiers
fideles que la gentilité a été entée ;
c'eſt dans ce berceau que nous avons
pris naiſſance ; c'eſt ſur ce fondement
que nous avons été bâtis & que notre
Egliſe a été édifiée. *Il l'a environé
d'une haïe :* cette haïe ſont les menaces
terribles de l'Evangile contre les prévaricateurs, les corrupteurs de la morale &
les inventeurs des nouveaux dogmes.
Il en ôta les pierres, c'eſt à dire, toutes les ſuperſtitions qui étoient la ſuite
de notre premiere idolatrie, & auſſi les
cérémonies de la loi qui, ne pouvant
juſtifier perſonne ni purifier les con-
ſciences, devenoient un ſujet de chute
& de ſcandale pour ceux qui y met-
toient leur confiance. Jeſus-Chriſt en
établiſſant le culte en eſprit & en verité, c'eſt à dire, l'adoration non d'un
corps penché, mais d'un cœur plein
d'amour & de piété, a mis toutes ces
pierres au rebut & les a banis de ſon
Egliſe. *Il la planta d'un plan rare &
excellent.* Ce plan choiſi ſont les premiers Papes, les premiers Evêques &
les premiers Docteurs qui avoient hé-
rité de la foi des Patriarches, de la lumiere des Prophetes & du zele Apo-
ſtolique. *Il bâtit une tour au milieu.*
Cette

Cette tour c'est la Tradition & les Conciles, dont les canons & l'autorité renversent toutes les machines de l'erreur, & abatent tout ce qui ose s'élever contre Dieu & son Eglise. *Il y fit aussi élever un pressoir* : Ce pressoir sont les écoles chrétiennes & toutes les chaires où les vérités sont dévelopées, expliquées & mises à la portée des petits comme des grands. " Après tant de
" précautions, mon bien aimé s'atten-
" doit que cette vigne porteroit de bons
" fruits, & elle n'en a porté que de
" sauvages ". Ces raisins sauvages & amers qui ne peuvent que nuire au lieu de nourrir & de fortifier le cœur, sont toutes les devotions qui ne font qu'amuser & qui ne menent à rien, la mauvaise morale, les dogmes erronés.

" Or soyez vous-mêmes juges. Qu'ai-
" je dû faire de plus à ma vigne que je
" n'aie point fait "? Nous avouons, Seigneur, que vous ne nous devez rien; mais neanmoins si vous ne nous faites vous même porter de bons fruits, nous n'en produirons jamais que de mauvais. Vous êtes seul le bon arbre, & nous ne sommes que des sauvageons, ainsi si vous ne nous entez en vous, nous conserverons toujours notre malignité naturelle. La plupart d'entre nous qui ignorent cette vérité ou qui la combattent de front, ne vous demandent comme

3.
Nunc ergo habitatores Jerusalem & viri Juda, judicate inter me & vineam meam.

4.
Quid est quod debui ultra facere vineæ meæ, & non feci ei ? An quod expectavi ut faceret uvas, & fecit labruscas ?

me les Juifs que des moyens exterieurs; du reste comptant pleinement sur eux-mêmes pour en faire un bon usage : Et c'est à eux aussi que vous addressez la parole & que vous demandez "Si après „ leur avoir fourni tant de secours , „ vous n'aviez pas droit d'attendre qu'ils „ vous fussent fideles ".

5.
Et nunc ostendam vobis quid ego faciam vineæ meæ: auferram sepem ejus, & erit in direptionem : diruam maceriam ejus, & erit in conculcationem.

„ Maintenant donc, continue le Sei-„ gneur, je vais vous faire savoir quel-„ le sera la punition que je tirerai de „ vôtre infidélité ". Je paroîtrai insensible aux prévarications les plus marquées en laissant les prévaricateurs impunis. *Mes menaces qui comme une haie* empêchoient les méchans de s'introduire dans ma vigne, *n'imprimeront plus de terreur* & seront émoussées par la patience avec laquelle je laisserai faire le mal. Les brigands & les voleurs y entreront de toutes parts, & s'enrichiront de ses dépouilles, *car j'en abattrai tous les murs qui la garantissoient*, c'est à dire, j'en ôterai tous les hommes fermes & courageux qui maintenoient la vigueur de ma discipline, qui faisoient observer mes loix, & qui chassoient de mon lieu saint l'ambitieux, le simoniaque, le profanne & l'indigne, *après quoi tous ces monstres la fouleront aux pieds.*

6.
Et ponam eam desertam: non putabitur, & non fodietur; & af-

Je la rendrai déserte. Quelle prédiction! Et qui peut l'entendre sans en être effraïé & en même tems pénétré de dou-

doûleur ? l'Eglife de Jefus-Chrift chan-
gée *dans un defert* où les bêtes immon-
des font les feules qui fe montrent ! Tel
eft le trifte état où nous la voyons aujourd'hui. On retranche de fon fein
ceux qui ont le plus d'amour pour elle
& pour la verité, & on y introduit les
ennemis de l'unité, & les amis de l'erreur. *Elle ne fera ni taillée ni labourée :*
comment le feroit-elle dès qu'elle n'eft
gouvernée que par des deftructeurs,
des politiques ou des lâches. *Les épines*
& les ronces y croîtront de toutes parts.
Y jette-t'on d'autre fémence que celle
de la divifion & du fchifme, & y dé-
bite-t'on d'autres maximes que celles qui
font germer les vices ? *Enfin je comman-*
derai aux nuées de ne pleuvoir plus fur
elle. Quelle influence recevra-t'elle
donc, dès que celles du ciel lui feront
refufées ? " Montagnes de Gelboé, que
" la rofée (a) ni la pluïe ne tombent
" jamais fur vous. Dieu donna le même ordre aux Apôtres à l'égard des Juifs
rebelles à l'Evangile : *Ecce convertimur*
ad Gentes (b), fic enim præcepit nobis Do-
minus. " Nous allons vers les Gentils,
" c'eft le Seigneur lui-même qui nous
" ordonne de vous quitter ". Ce commandement eft terrible ; car il veut dire que Dieu empêchera ceux d'entre fes
ferviteurs qui ont le plus de lumiere,
d'en communiquer par leurs Ecrits, foit

cendent vepres
& fpinæ : & nu-
bibus mandabo,
ne pluant fuper
eam imbrem.

(a) 2. Reg. 1. 21.

(b) Act. 13. 46. 47.

en empêchant qu’on les imprime, soit en les faisant saisir après l’impreffion, ou en leur fermant toute entrée dans le public ; & s’ils y arrivent, en permettant qu’on les décrie comme des livres empoifonnés. Cependant c’est le feul moyen qui reste aujourd’hui pour faire pleuvoir fur les peuples les vérités d’où leur falut dépend.

Le verfet qui fuit, nous fournit comme dans le premier Chapitre, une preuve démonftrative & palpable, que c’est l’Eglife & non la Synagogue que le Prophete a principalement en vue : ” La ” maifon d’Ifraël eft la vigne du Seigneur des armées, & les hommes de ” Juda étoient le plan auquel il prenoit fes délices ”. Jamais Dieu n’a fait fes délices d’habiter parmi un peuple dont le cœur étoit encore plus dur que l’efprit : c’est le caractere fpécial auquel Moyfe marque le peuple Juif : ” Depuis le jour, ajoute-t’il dans le der” nier difcours qu’il leur tient (a), que ” vous êtes fortis de l’Egypte jufqu’à ” celui-ci, vous n’avez ceffé de mur” murer contre le Seigneur… vous lui ” avez toujours été rebelles depuis le ” jour que j’ai commencé à vous con” noître ”. Tous les Prophetes leur font les mêmes reproches ; & les Apôtres ne pouvant vaincre leur obftination, fecouent contre eux la pouffire de
leurs

leurs pieds, & les abandonnent à leur aveuglement. Et que l'on ne dise pas qu'il y avoit des Saints parmi les Juifs; la Synagogue les chaſſoit & les perſecutoit; & d'ailleurs il eſt certain qu'ils n'apartenoient nullement à la Synagogue comme Synagogue.

Mais tous les paſteurs ſont-ils donc dévoués à l'erreur? n'y en a t'il point au moins qui connoiſſent la vérité, & que c'eſt elle qu'on veut déraciner? Il y en a ſans doute. Mais à l'exception d'un tres petit nombre qui la defend avec ſuccès, les autres aiment leur fortune & leur place plus que cette vérité: La crainte de perdre ce qu'ils poſſedent, & le deſir d'acquerir ce qu'ils n'ont pas, leur ferme à tous la bouche; & ſi quelqu'un parle, il ne le fait que pour alier Jacob & Eſaü, c'eſt à dire la lumiere & les ténebres. Ecoutons le Prophete faire à chacun d'eux les reproches qu'il mérite, & les enveloper tous dans la même condamnation.

,, Malheur à vous qui joignez maiſon ,, à maiſon, & qui ajoutez terres à ter- ,, res, comme ſi vous prétendiez être les ,, ſeuls habitans de ce monde. Mal- ,, heur à vous qui n'avez de goût que ,, pour la table & les délices, & qui ,, aſſaiſonnez vos feſtins de douces har- ,, monies, tandis que vous negligez l'œu- ,, vre de Dieu & que vous ne vous ,, appli-

8.

Væ qui conjun-
gitis domum ad
domum, &
agrum agro co-
pulatis uſque ad
defectum loci:
numquid habita-
bitis vos ſoli in
medio terræ?

11.

Væ qui conſur-
gitis manè ad

H

ebrietatem se-
ctandam, & po-
tandum usque ad
vesperam donec
vino æstuetis.

12.
Cythara & lyra,
& tympanum,
& tibia, & vi-
num in convi-
viis vestris: &
opus Domini non
respicitis, nec
opera manuum
ejus consideratis.

13.
Propterea capti-
vus ductus est po-

„ appliquez-pas même à savoir en quo
„ il consiste ”. Demandez en effet à
nos Prélats, à nos Abbés & à nos Bene-
ficiers ce que c'est que l'œuvre de Dieu
dans son Eglise, quel est son plan sur
la destinée des hommes, de quelle maniere il sanctifie ses Elus, ce que c'est
que Jesus-Christ, sa grace, son esprit,
en quoi consiste la vie chrétienne & les
dispositions nécessaires pour s'approcher
des Saints Mysteres ; ou ils seront muets
comme des poissons, ou ils ne vous diront que des choses vagues, foibles &
mêlées d'erreurs. Mais demandez leur
de quelle maniere on garnit une table
& l'on varie les mets, quels vins il faut
servir d'abord, & ceux que l'on doit
reserver pour la fin du repas, quels sont
les instrumens qui se marient mieux en-
semble, de quelle maniere il faut se
mettre pour être au goût du monde,
comment on orne une maison & l'on
fait valoir une terre, vous verrez quelle éloquence, quel flux de bouche,
quels transports.

On sent si de tels hommes sont fort
propres à élever à Dieu une famille, à
lui former des adorateurs, à servir de
vicaires & de ministres à un Dieu pau-
vre, pénitent, humilié, annéanti ; à
inspirer ses maximes, à retracer sa conduite, & à porter les autres à l'imiter.
„ Aussi, dit le Prophete, le peuple in-
„ struit

„ ftruit par de tels guides, croupit dans
„ une ignorance profonde des vérités
„ falutaires "; Il imite ce qu'il voit pratiquer, & la brébis comme le pasteur
s'envelope de plus en plus dans les fi-
lets de Satan & en devient la proye.

pulus meus, quia non habuit scientiam, & nobiles ejus interierunt fame, & multitudo ejus siti exaruit.

„ Il en est de même des personnes
„ qui font une profession de piété plus
„ marquée ": Les Communautés reli-
gieuses de l'un & de l'autre sexe *périssent
faute d'être nourries des vérités solides;*
on leur multiplie les pratiques extérieu-
res sans penser à reformer l'interieur;
on les amuse par des livrets qui ne mé-
ritent pas même le nom de pieux Ro-
mans, au lieu de leur rompre selon leur
faim & leur besoin le pain de la parole
de Dieu. Enfin le Regulier comme le
seculier, le Prêtre comme le peuple,
la Religieuse comme la femme mondai-
ne, celui qui mene une vie dure comme celui qui vit dans les délices, tombent également dans l'abyme: la multitude y est engloutie.

*14.
Propterea dilatavit infernus animam suam, & aperuit os suum præter morem; & descendent in eum inclyti & magnifici sicut multitudo populi & qui deliciis & voluptatibus sunt dediti.*

C'est ainsi que le Seigneur se vengera
de nos revoltes & de nos infidélités;
il abattera l'orgueil des uns par l'orgueil
des autres; celui qui avoit desiré d'être
en place, sera puni de sa témérité en
obtenant ce qu'il desiroit & en deve-
nant ensuite un sujet de chute & de
scandale: Et le peuple dont le cœur
étoit secretement ennemi de la regle &

*15.
Et incurvabitur homo, & humiliabitur vir, & oculi sublimium deprimentur.*

16.
Et exaltabitur
Dominus exer-
cituum in judi-
cio, & Deus
sanctus sancti-
cabitur in justitia.
17.
Et pascentur agni
juxta morem
suum ; & licet
commorantes in
desertis, pin-
guia comedent.

de ceux qui la lui remettoient devant les yeux, sera livré à des guides dére-glés & corrompus.

Ce jugement plein d'équité fera glo-rifier Dieu par ses serviteurs, & ils ado-reront en tremblant une sainteté qui ne peut rien souffrir d'impur & de souillé, & qui n'a pas plus d'égard pour les grands que pour les petits lorsqu'ils sont également pécheurs.

Car *les brebis* du véritable pasteur *ne periront point* comme celles des faux pas-teurs. Quoiqu'éloignées les unes des autres, l'injustice & la violence les ayant dispersées, *elles se nouriront dans leur desert* du suc des Écritures ; elles y verront la prédiction de tout ce qui leur arrive en général & en particulier ; & cette découverte sera pour elles un nou-veau motif de perseverer à souffrir pour la vérité.

Quant à ceux qui se rendent les dé-fenseurs & les apologistes des opinions fausses & erronées, voici ce que le Pro-phete leur addresse :

18.
Væ qui trahitis
iniquitatem in
funiculis menda-
cii, & quasi vin-
culum plaustri
peccatum.

Malheur à vous qui par des Ecrits pleins de sophismes & d'artifices men-songers, tâchez de substituer aux dog-mes les plus anciens & les mieux fon-dés, des hérésies formelles ; & qui à force de ressorts, d'inventions & de sys-témes nouveaux, tâchez d'introduire dans l'Eglise des Decrets qui canonisent l'er-

l'erreur & l'impieté, le déreglement &
la licence. Les malédictions suivantes
ont d'autres personnes pour objet.

Malheur à vous qui, joignant l'insulte
aux mauvais traitemens, vous mocquez
de nos esperances & les tournez en ri-
dicule, comme on faisoit à l'égard de
notre chef, lorsqu'après l'avoir attaché
à une croix l'on disoit, *Voyons si Elie
viendra (a) le delivrer.* L'évenement
vous apprendra si nous étions des visio-
naires lorsque nous vous anoncions *les
desseins du Saint d'Israël,* c'est à dire que
*le Royaume de Dieu nous seroit (b) enlevé
pour être donné à un peuple qui en produi-
roit les fruits.* Ce même évenement en
instruira d'autres qui, aussi incrédules
que vous (mais sur cet unique article)
nous regardent du même oeil que les
sages & les prudens regardoient le saint
homme Noé lorsqu'il bâtissoit une arche
pour se garentir d'un déluge beaucoup
moins probable alors, toutes choses mises dans une juste proportion, que nos
visions prétendues ne le sont aujour-
d'hui.

Malheur à vous, qui pour vous mé-
nager auprès des puissances & conserver vos emplois, vos dignités & vos places, donnez du prix & du merite à ce
qui n'est digne, de l'aveu de votre propre
cœur, que d'être rejetté avec un souverain mépris; qui confondant dans vos

19.
Qui dicitis: Fes-
tinet, & citò ve-
niat opus ejus ut
videamus; &
appropiet & ve-
niat consilium
Sancti Israël, &
sciemus illud.

(a) Matt. 27. 49.

(b) Voyez sur
ceci les principes
des Jes. sur la
probabilité.
p. 119.

20.
Væ qui dicitis
malum bonum,
& bonum ma-
lum: ponentes
tenebras lucem,
& lucem tene-
bras: ponentes
amarum in dul-
ce, & dulce in
cen- amarum.

censures l'innocent & le coupable, les frappez l'un & l'autre, comme s'ils étoient tous les deux criminels ; qui condamnez dans le public ce que vous relevez avec éloge dans le particulier ; qui tolerez & qui approuvez même ce qui ne devroit jamais voir le jour, pendant que vous condamnez à un éternel oubli ce qui sert à vous instruire vous même, & ce qui instruit les autres ; qui par un faux esprit de paix blâmez le saint zele des amis de la vérité, comme les emportemens furieux & les déclamations violentes des amis de l'erreur ; & qui sans aucun discernement, ou peut-être avec pleine connoissance, confondez les pointes & les aiguillons de la charité avec le fiel & l'amertume d'un amour propre désolé. Malheur à vous encore dont l'occupation & l'étude est de chercher dans les écrits des peres & des Auteurs sacrés des passages obscurs, & qui vous en servez pour étouffer la lumiere de ceux dont la trop grande clarté vous offense, au lieu de vous servir de ceux-ci pour éclairer les autres ; & qui par votre antipatie pour des vérités qui vous déplaisent, répandez sur elles des couleurs qui les rendent odieuses aux autres, & odieux ceux a qui les montrent dans leur pureté & leur simplicité.

Malheur à vous, prudens & politiques,

ques, qui n'aimez que vos penſées &
vos propres productions; qui rejettez
tout parti & tout moyen qui n'eſt pas
dicté & conduit par votre ſageſſe &
votre prudence humaine; qui pour vous
conſerver, aimez mieux riſquer de perdre la vérité que de vous perdre vous
mêmes; & qui faites de vaines tentati-
ves pour reconcilier deux peuples auſſi
irréconciliables que Jeſus-Chriſt & Be-
lial.

Malheur à vous, qui vous roidiſſez
contre les vérités les plus fortes & les
plus capables de faire impreſſion ſur l'eſprit, comme les hommes puiſſans à
boire ſe roidiſſent contre le vin afin de
n'en être pas renverſés.

Malheur à vous, qui pour des préſens
déja reçus par les uns, & attendus par
les autres, déclarez innocente une ſo-
cieté d'hommes pervers, & qui dépouil-
lez le juſte de ſa juſtice & de ſon innocence afin de le condamner apres l'avoir
fait criminel.

Le reſte du Chapitre annonce des
malheurs terribles en punition de tant
de prévarications.

Nous nous arrêtons ici, croyant en
avoir aſſez dit pour éclaircir un grand
nombre d'endroits ſoit d'Iſaïe, ſoit des
autres Prophetes, qui ont pour objet
principal les choſes dont nous venons de
traiter. Peut être aurons-nous occaſion

dans

Marginal notes:

tris, & coram
vobis metipſis
prudentes.

Iſai. 10. 1.

22.
Væ qui potentes
eſtis ad biben-
dum vinum, & viri
fortes ad miſcen-
dam ebrietatem.

Iſai. 10. 10.

23.
Qui juſtificatis
impium pro mu-
neribus, & juſti-
tiam juſti aufer-
tis ab eo.

dans la suite de parler d'un certain Roi de Babylone nommé Aſſur, dont Iſaïe s'occupe beaucoup dans les Chapitres X. & XIV. & qu'il déſigne par ces deux traits principaux; le premier de détrôner les Rois, & le ſecond de prétendre au privilege eſſentiel de la divinité : " J'ai fait deſcendre, dit-il dans „ l'enyvrement de ſon orgeuil, les Rois „ de leur trône : *Dejeci quaſi potens in* „ *ſublimi reſidenta.* Et au fond les „ princes & les Rois ne dépendent-ils „ pas de moi, & ne me ſont-ils pas aſ- „ ſujétis : *Nonne principes ſimul & Reges mei ſunt ?* Et dans l'excés de ſon impieté, voici ce qu'il prononce : " *Si-* „ *milis ero Altiſſimo* (a), je ſerai ſembla- „ ble au Tres-haut, c'eſt à dire, je me ferai rendre le même honneur en exigeant pour mes ordres & pour mes volontés le même reſpect & la même déférence, que ſi le Saint, le Juſte, le Véritable & celui qui ne peut jamais errer, avoit parlé lui-même.

Iſaï. 10. 13.

Ibid.

(a) Iſaï. 14. 14.

F I N.